本书获"上海市多语种人才早期培养项目"支持

总 顾 问　王哲光
总 主 编　李 媛
副总主编　殷 莹　刘玲玉

U0129886

# 新启航德语 C3
## Willkommen!

主　编　周 年
副主编　刘玲玉
编　者　张晓虹 景艳燕

上海外语教育出版社
SHANGHAI FOREIGN LANGUAGE EDUCATION PRESS

**图书在版编目（CIP）数据**

新启航德语. C3 / 周年主编；刘玲玉副主编；张晓虹, 景艳燕编. —— 上海：
上海外语教育出版社, 2023

（新启航德语系列 / 李媛总主编）

ISBN 978-7-5446-7100-2

Ⅰ. ①新… Ⅱ. ①周… ②刘… ③张… ④景… Ⅲ. ①德语—初中—教学参
考资料 Ⅳ. ①G634.463

中国国家版本馆CIP数据核字(2023)第143087号

出版发行：**上海外语教育出版社**
　　　　　　（上海外国语大学内）　邮编：200083
电　　话：021-65425300 (总机)
电子邮箱：bookinfo@sflep.com.cn
网　　址：http://www.sflep.com
责任编辑：王乐飞

印　　刷：上海龙腾印务有限公司
开　　本：890×1240　1/16　印张 7.75　字数 292 千字
版　　次：2023年9月第1版　2023年9月第1次印刷

书　　号：ISBN 978-7-5446-7100-2
定　　价：39.00元

本版图书如有印装质量问题，可向本社调换
质量服务热线：4008-213-263

# 前言

相信同学们对德语国家并不陌生，从音乐、生活、商业、科研、工程到出行，来自德语国家的产品和文化在我们身边随处可见；中国是德国最大的贸易伙伴，中欧班列、海运和航空货运把我们和德语国家越来越紧密地联系在一起。

传说德语是很难学的语言：一句话的长度可能超过一页纸，一个单词一口气也读不完，动词常常跑到句尾令人望眼欲穿，还有性、数、格的无穷变化……美国作家马克·吐温曾经"控诉"道：如果一个语言天才能用30个钟头学会英语，30天学会法语，德语则需要30年……

掌握德语确实不容易，但难度绝不像传说中那么夸张，我们编写这套教材就是为了带你进入美妙的德语世界！

党的"二十大"报告告诉我们必须坚持胸怀天下，要拓展世界眼光，以海纳百川的宽阔胸襟借鉴吸收人类一切优秀文明成果，推动建设更加美好的世界；同时应坚守中华文化立场，加快构建中国话语和中国叙事体系，讲好中国故事、传播好中国声音，深化文明交流互鉴，推动中华文化更好走向世界。这是二十大后首套由中国人自主设计编写的中学德语教材。我们分析了众多德语教材，引入语言学、心理学、教育学、认知科学的最新理念，依据教育部《普通高中德语课程标准》（2017年版2020年修订），专门为中国中学生零起点学习德语打造。

C1—C5每册书包括4个模块，围绕与校园、家庭和社会生活密切相关的主题展开，每个模块包含3个学习单元和1个话语活动单元。每个学习单元又分为五个部分：A部分图文并茂，轻松进入单元主题，让大家预知学习目标（Hier lerne ich）；B和C部分为课文或对话及其拓展练习；D部分和E部分是特色板块"德语秀舞台"（Spielbühne）、"语音天地"（So sprechen wir korrekt!）。之后是"我的收获"（Das kann ich）板块，帮助同学们回顾反思所学内容，最后以"思维导图"（Mind-Mapping）形式总结与单元主题相关的词汇及句型。在话语活动单元中，可以边玩边学，通过游戏、项目等活动巩固所学知识。

教材编写中，我们以问题和活动为导向，重视创设真实情境，鼓励同学们在目的语环境中的行动能力、提高个体自主分析问题、解决问题的能力。希望大家通过本系列教材的学习不仅能掌握好德语，更能提升思维品质、文化意识，养成自主学习、终身学习的能力。

欢迎大家来到奇妙的德语世界，开启快乐的学习之旅！

Viel Spaß und viel Erfolg! Willkommen zu unserem《Willkommen!》！

编者

| Textsorten | Grammatik | Phonetik | Wortfelder |
|---|---|---|---|
| Dialog,<br>Text | Modalverb kann,<br>Präpositionen mit Dativ | Satzakent | Möbel |
| Dialog,<br>Text | Modalverb dürfen,<br>Präpositionen mit Akkusativ | Satzakzent | Wohnungen und Zimmer |
| Anzeige,<br>E-Mail<br>Dialog<br>Text | Reflexive Verben,<br>Verben mit Präpositionen | Satzakzent | Wohnformen |

**Textsorte:** Umfrage, Präsentationstext
**Geografie:** Wohnen im Vergleich

| Textsorten | Grammatik | Phonetik | Wortfelder |
|---|---|---|---|
| Fragebogen<br>Brieftext<br>Anzeige<br>Dialog | dass-Satz, Satz mit zu,<br>deshalb,<br>weil-Satz | Satzakzent | AGs |
| Zeitungstext<br>Dialog<br>Text | Verben mit Präposition,<br>Temporales Adverbs,<br>etwas + adj | Pausen | Zeitungsrubriken,<br>Zeitungsausgaben |
| Dialog<br>Text<br>Fragebogen | Wo+(r)+Präposition,<br>Satz mit um… zu,<br>damit-Satz | Pausen | Aktivitäten von der<br>Schülervertretung |

**Textsorte:** Zeitungsrubriken, Zeitungsartikel, Umfrage
**Medienwissenschaft:** Zuverlässige Quellen

| Textsorten | Grammatik | Phonetik | Wortfelder |
|---|---|---|---|
| Dialog<br>Gedicht<br>Lied | das unpersönliche Subjekt—es | Satzmelodie | Wetter |
| Postkarte<br>Beitrag im Sozialnetzwerk | Präteritum von sein<br>Perfekt (regelmäßige Verben) | Satzmelodie | Ausflug |
| Dialog<br>Interview | Präteritum von haben | Satzmelodie | Freiwilligendienst |

**Textsorte:** Gedicht, Bauerregeln
**Literatur:** Wetter im Gedicht

| | | | |
|---|---|---|---|
| Dialog, Tabelle, E-Mail | Komparativ, Superlativ | Satzmelodie | Verkehrsmittel |
| Dialog, Tabelle, Text von der Webseite | Perfekt | Silben | Klassenfahrt |
| Dialog, Diagramm, Zeitungsartikel, Tabelle | Komposita | Satzmelodie | umweltbewusst, Umweltschutz |

**Textsorte:** Plakat, Tabelle
**Geschichte:** die Entwicklung der Verkehrsmittel

# 1 Mein Zimmer

## A Möbel

**A1** **Schlage in einem Wörterbuch nach und ergänze die Artikel und die Plurale der abgebildeten Möbel.**

_____ Bett _____

_____ Schrank _____

_____ Sofa_____

_____ Kommode _____

_____ Stuhl _____

_____ Schreibtisch _____

## Hier lerne ich

*Sprachkompetenz*
ein Zimmer beschreiben

*Kulturbewusstheit*
Wohnungseinrichtung von
früher und heute

*Denkvermögen*
Meinungen zur Wohnungsein–
richtung äußern

*Lernfähigkeit*
durch Zeichnen lernen

**A2** **Wo ist der Ball?**

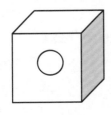

_____ _____ Schrank

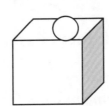

_____ _____ Schrank

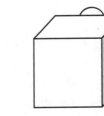

_____ _____ Schrank

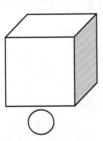

_____ _____ Schrank

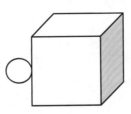

_____ _____ Schrank

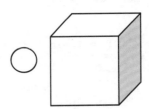

_____ _____ Schrank

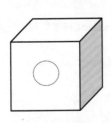

_____ _____ Schrank

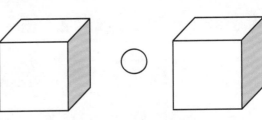

_____ _____ Schränken

**A3** **Kannst du für die verschiedenen Möbel einen passenden Platz in
deiner Wohnung finden?**

*Das Bett liegt neben dem Fenster.*

## B Wo ist was?

**B1** Weißt du, wie Lans Traumzimmer ist? Hör den Text und ergänze die passenden Präpositionen und Artikel.

Lans Familie möchte eine neue Wohnung kaufen, denn Lans Bruder kommt in acht Monaten in die Welt. Lan soll dann ein eigenes Zimmer bekommen. Sie beschreibt Leon ihr Traumzimmer: Mein Zimmer muss nicht sehr groß sein, aber es soll sonnig und warm sein. Das Fenster _____ _____ Mitte ist sehr groß. _____ _____ Fenster steht ein Schreibtisch. _____ _____ Schreibtisch liegen viele Bücher und steht eine Schreiblampe. Der Schreibtisch ist groß genug für meine Lehrbücher, Schreibwaren, Computer usw. _____ _____ Schreibtisch ist mein Bett. _____ _____ Bett hängt eine schöne Lampe. Am Morgen weckt mich der Sonnenschein. _____ _____ Wand hängt unser Familienfoto. Mein Schrank ist _____ _____ Tür. _____ Schrank befinden sich nicht nur die Kleider, sondern auch meine Schätzchen, zum Beispiel die Puppe und das Tagebuch. Hauptsache ist, dass das Zimmer nur mir gehört. Ich kann drinnen irgendwas tun.

**B2** Stelle deiner Partnerin / deinem Partner Fragen zum Text.

● *Wo steht der Schreibtisch?*
▲ *Vor dem Fenster steht der Schreibtisch.*

**B3** Male Lans Zimmer auf Papier und kennzeichne die Möbel.

> **Lernen mit Spaß**
>
> *Malen hilft, etwas im Gedächtnis zu behalten.*

**B4** Warum gefällt dir Lans Zimmer? Warum nicht? Diskutiert in Gruppen.

> **Reden ist Gold**
>
> Osten oder Westen, eigenes Heim am besten.

**B5** **Welches Wort passt zu welchem Bild? Ordnet zu und macht Dialoge mit diesen Wörtern.**

| der Computer - | das Bild -er | der Schuh -e |
| die Lampe -n | das Buch ¨-er | das T-Shirt -s |

_____

_____

_____

_____

_____

_____

● *Wo ist das T-Shirt in deinem Zimmer?*
▲ *Das T-Shirt ist im Schrank.*

**B6** **Mache ein Puzzle: Alle Sachen gehören in Leons Zimmer. Finde einen passenden Platz für die Sachen!**

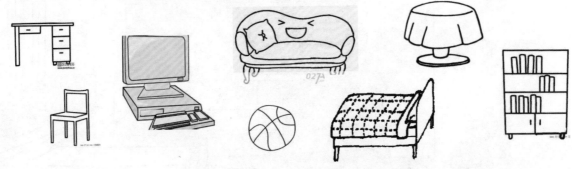

Schneide alle Bilder mit deiner Partnerin / deinem Partner aus. Der eine sagt, wohin die Sache zu kleben ist und der andere klebt sie an die richtige Stelle im Zimmer.

**C1**    **Worum geht es in dem Text? Hör den Text und markiere die Präpositionen im Text.**

> Am Wochenende hat Leon Geburtstag. Er lädt seine Freunde ein, zu Hause zu feiern. Nach der Party ist Leons Zimmer im Moment sehr unordentlich: auf dem Tisch ist voll von den Geschenken. Die Packungspapier, die bunten Ballons sind überall im Zimmer verstreut. Die schmutzigen T-Shirts, Socken und Jeans liegen auf dem Boden und auf dem Stuhl. Die Bücher liegen unter dem Bett. Der kaputte Fußball ist sogar auf dem Bett. Seine Mutter ist verärgert. Leon soll das Zimmer heute unbedingt aufräumen. Zuerst muss er seine Wäsche in die Waschmaschine legen und die Bücher ins Bücherregal stellen. Die Packungen, der Fußball und Ballons sollen in den Mülleimer kommen. Am Ende ist alles wieder in Ordnung. Nun ist seine Mutter endlich zufrieden, sie lächelt zu Leon.

**C2**    **Hör den Text noch einmal und sprich nach.**

**C3**    **Leons Zimmer. Kannst du die Sätze vervollständigen?**

1. Das Bett steht _____ _____ Fenster.
2. Die Gitarre ist _____ _____ Kleiderschrank.
3. Die Bücher sind _____ _____ Bücherregal.
4. Die Bilder hängen _____ _____ Wand.
5. Der Computer befindet sich _____ _____ Lampe und _____ Schrank.
6. Das Kissen ist _____ _____ Bett.

**C4** **Male zwei Bilder (das Zimmer vor und nach dem Aufräumen) und vergleiche sie.**

**C5** **Leons Zimmer. Ergänze die Verben:** *stehen, liegen, hängen, sitzen, sein.*

1. Das Bett _____ am Fenster.
2. Der Schreibtisch _____ neben dem Bett.
3. Einige Bilder _____ an der Wand.
4. Der Computer _____ auf dem Schreibtisch.
5. Der Teppich _____ in der Mitte des Zimmers.

**C6** **Leons Mutter ist anfangs sehr verärgert, weil Leons Zimmer sehr unordentlich ist. Macht einen Dialog.**

Mutter: Was für ein Chaos!
Leon: ...

# D  Spielbühne

**Was ist der Unterschied? Vergleicht die zwei Bilder und diskutiert in Gruppen.**

Ich finde das Bild rechts sehr modern, denn ...
Ich glaube, dass ...
Meiner Meinung nach ...

# E  So sprechen wir korrekt!

**Lies die Sätze und achte auf die Akzente.**

<u>Lans</u> Familie kauft eine neue Wohnung.
Lans <u>Familie</u> kauft eine neue Wohnung.
Lans Familie <u>kauft</u> eine neue Wohnung.
Lans Familie kauft <u>eine</u> neue Wohnung.
Lans Familie kauft eine <u>neue</u> Wohnung.
Lans Familie kauft eine neue <u>Wohnung</u>.

<u>Mein</u> Zimmer ist sonnig und warm.
Mein <u>Zimmer</u> ist sonnig und warm.
Mein Zimmer <u>ist</u> sonnig und warm.
Mein Zimmer ist <u>sonnig und warm</u>.

<u>Worüber</u> ärgert sich Leons Mutter?
Worüber <u>ärgert</u> sich Leons Mutter?
Worüber ärgert sich <u>Leons Mutter</u>?

Tipp: Der Satzteil, den du betonen willst, ist der Satzakzent.

# Das kann ich

## Möbelstücke nennen

● Was gibt es in deinem Zimmer?

▲ In meinem Zimmer gibt es ein Bett, einen Schreibtisch ...

## Zimmer beschreiben

● Wo ist das Bett?
● Wo sind die Fotos?
● Wo ist der Schrank?
● Wo ist der Teppich?
● Wo ist meine Puppe?

▲ Das Bett liegt am Fenster.
▲ Die Fotos hängen an der Wand.
▲ Der Schrank steht hinter der Tür.
▲ Der Teppich liegt in der Mitte.
▲ Meine Puppe befindet sich auf dem Sofa.

## Modalverbe anwenden

– Ich kann schwimmen.
– Du kannst in der Bibliothek bleiben.
– Er kann in Deutschland studieren.
– Wir können Deutsch sprechen.

## In Gruppen diskutieren

– Ich glaube ...
– Ich finde ...
– Meiner Meinung nach ...

## Präpositionen

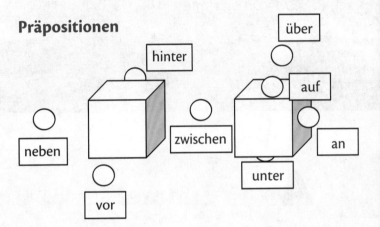

## Grammatik

### Präpositionen mit Dativ-Ergänzung

in dem
über dem
auf dem
neben dem
an dem ———→ Kasten
hinter dem
vor dem
unter dem
zwischen den (Kästen)

### Die Deklinationen der bestimmten Artikel

| Kasus | Maskulinum | Neutrum | Femininum | Plural |
|-------|-----------|---------|-----------|--------|
| Nominativ | der | das | die | die |
| Dativ | dem | dem | der | den |

## Mind-Mapping

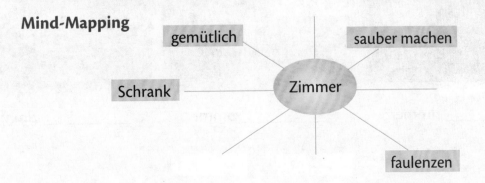

# 2 Meine Wohnung

## A   Zimmer

**A1** **Ergänze die Wörter (mit der Hilfe des Wörterbuches).**

_____ zimmer

_____ zimmer

_____ zimmer

_____ zimmer

_____ zimmer

_____ zimmer

## Hier lerne ich

**Sprachkompetenz**
eine Wohnung beschreiben

**Kulturbewusstheit**
Stadtleben oder Landleben?

**Denkvermögen**
eine Wohnungsskizze anfertigen

**Lernfähigkeit**
eine Reportage schreiben

_____

_____

_____

**A2** **Kannst du für alle Zimmer einen passenden Ort finden? Ergänze.**

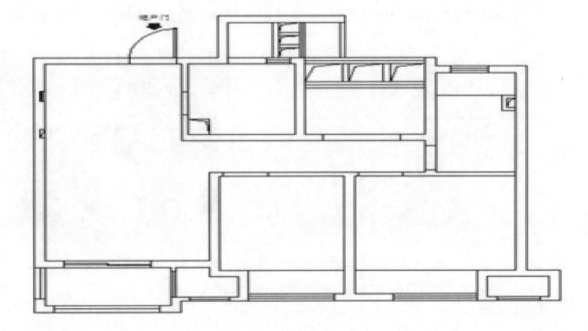

# B    Lans Wohnung

**B1** **Hör den Text. Worum geht es in dem Text?**

Lans Familie wohnt zur Zeit in einer Zweizimmerwohnung in der Stadtmitte. Die Wohnung ist zwar sehr verkehrsgünstig, aber die Wohnung genügt der Familie bald nicht mehr, denn Lans Mutter ist seit letztem Monat schwanger. Das Baby kommt in acht Monaten. Lans Eltern planen jetzt, eine neue Wohnung mit einer Küche und zwei Bädern zu kaufen. Die neue Wohnung soll mindestens fünf Zimmer haben: ein Wohnzimmer, ein Schlafzimmer und zwei Kinderzimmer. Lans Mutter braucht als Lehrerin noch ein Arbeitszimmer, denn sie muss manchmal auch zu Hause arbeiten. Lan ist sehr froh, sie kann ein eigenes Zimmer haben. Aber Lan hofft, dass die neue Wohnung einen Garten hat. So darf sie ein Haustier halten, vielleicht einen Hund, eine Katze oder einen Vogel.

**B2** **Richtig (r), falsch (f) oder nicht erwähnt (n)? Markiere.**

1. Lans Mutter ist krank.
2. Lans Familie will eine neue Wohnung kaufen, denn ihr Vater findet einen neuen Arbeitsplatz.
3. Eigentlich möchte Lans Familie eine größere Wohnung mieten, aber die Miete ist zu hoch.
4. Sie wohnen jetzt in einer Zweizimmerwohnung.
5. Die neue Wohnung soll eine Vierzimmerwohnung sein.
6. In der neuen Wohnung muss Lan ihr Zimmer teilen.
7. Lan hat eigenes Arbeitszimmer in der neuen Wohnung.
8. Lans Mutter arbeitet immer zu Hause.

**B3** **Ein Bekannter empfiehlt Lans Familie zwei Wohnungen. Welche gefällt ihr? Macht ein Rollenspiel (Lan, Lans Mutter, Lans Vater, der Bekannte).**

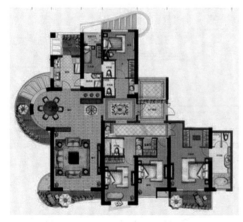 

Lan:            Ich mag die Wohnung rechts, denn sie hat eine Treppe.
Lans Mutter:  Die Wohnung links gefällt mir besser, denn ...
Lans Vater:    ...

## B4 a. Ordne zu.

1. das Hochhaus ⸚er
2. das Reihenhaus ⸚er
3. der Bungalow –s
4. das Einfamilienhaus ⸚er

### b. Kannst du die Häuser mit den folgenden Wörtern beschreiben?

hoch, in einer Reihe, flach, zweistöckig/dreistöckig, schön, gemütlich, auf dem Land, in der Stadt

## B5 Wo wohnst du lieber? In einer Wohnung im Stadtzentrum oder in einem Einfamilienhaus auf dem Land? Ergänze die folgende Tabelle.

|  | Vorteil | Nachteil |
|---|---|---|
| In einer Wohnung im Stadtzentrum | 1. verkehrsgünstig<br>2.<br>3.<br>… | 1. Lärm<br>2.<br>3.<br>… |
| In einem Einfamilienhaus auf dem Land | 1. ruhig<br>2.<br>3.<br>… | 1. wenige kulturelle Angebote<br>2.<br>3.<br>… |

## B6 Bald kommen die Sommerferien. Die Schüler möchten ihre Sommerferien auf dem Land verbringen. Sie haben schon einen Plan.

*Ich habe vor, auf einem Bauernhof zu übernachten.*

auf einem Pferd reiten / Sterne ansehen / jeden Tag fünf Kilometer laufen / Basketball spielen / schwimmen gehen / Tiere füttern …

# C Umzug

**C1** **Worum geht es in dem Text? Hör den Text und ergänze.**

Lans Familie zieht heute um. Die neue Wohnung befindet sich _____ _____ großen Wohnviertel. Das ist eine große Wohnung mit fünf Zimmern und einem schönen Garten. Lan hat ein eigenes Schlafzimmer mit Balkon und sie kann das Zimmer selbst einrichten. Alle Möbelstücke sollen an der richtigen Stelle stehen. Sie möchte den Schreibtisch _____ _____ Fenster und _____ _____ Bett, den Kleiderschrank hinter die Tür und das Bücherregal _____ _____ Tisch und _____ Schrank stellen. Den Teppich möchte sie _____ _____ Bett legen. Sie will noch Fotos und Bilder _____ _____ Wand hängen. Nach dem Umzug muss sie noch alles saubermachen. Zum Beispiel: Fenster putzen, Boden kehren. In anderthalb Stunden ist alles in Ordnung. Sie ist jetzt zufrieden _____ _____ neuen Zimmer.

**C2** **Male Lans Zimmer und kennzeichne die Möbel und die Gegenstände im Zimmer.**

**C3** **Lans Familie zieht heute um. Zu Hause ist alles unordentlich. Lans Mutter ist im Moment schwanger und kann keinen Haushalt machen. Sie lässt daher Lan alles machen.**

● *Lan, die Bücher liegen auf deinem Bett. Bitte stelle sie ins Bücherregal!*

▲ *Ok, ich stelle sie ins Bücherregal.*

| T-Shirt | Schultasche | Füller | Hose | Puppe | Landkarte | Federball |
|---------|-------------|--------|------|-------|-----------|-----------|
| Schokolade | Schrank | Tisch | Bett | Stuhl | Schublade | Koffer ... |

**C4** **Ergänze:** *sich befinden, umziehen, einrichten, hängen, stellen, legen, fahren, kaufen, sein.*

Thomas muss in eine andere Stadt _____, weil er dort eine neue Arbeitsstelle gefunden hat. Seine neue Wohnung _____ _____ im Stadtzentrum. Gott sei Dank _____ es nicht weit bis zu der Firma und er kann mit dem Fahrrad zur Arbeit _____. Deshalb _____ er ein Fahrrad. Er _____ sein Fahrrad an einen Baum vor der Tür ab. Vorher muss er seine Wohnung _____. Er _____ den Teppich vor das Sofa im Wohnzimmer und _____ Fotos an die Wand.

**C5** **Lans Familie spricht über sein Wochenende. Ergänze.**

1. Gehen wir _____ _____ Park? – Nein, _____ Park ist es nicht schön.
2. Gehen wir _____ Stadtzentrum? – Nein, _____ Stadtzentrum ist zu viel Verkehr.
3. Gehen wir _____ _____ Supermarkt? – Nein, _____ Supermarkt sind zu viele Leute.
4. Gehen wir _____ Kino? – Nein, _____Kino läuft heute kein guter Film.
5. Gehen wir _____ _____ Kirche? – Nein, _____ _____ Kirche ist es langweilig.
6. Gehen wir _____ _____ Sauna? – Nein, _____ _____ Sauna ist es zu heiß.
7. Gehen wir _____ _____ Burg? – Nein, _____ _____ Burg ist es zu kalt.
8. Gehen wir _____ _____Sportplatz? – Nein, _____ _____Sportplatz bin ich nicht gerne.

> ### *Grammatik leicht*
>
> *ins Kino = in das Kino*
> *zum Stadtzentrum = zu dem Stadtzentrum*

**C6** **Vor dem Abendessen hilft Lan ihrer Mutter, alles aufzuräumen. Macht Dialoge.**

Mutter: Lan, stelle die Teller <u>in die</u> Schublade!

Lan: Mutti, die Teller stehen schon <u>in der</u> Schublade.

Mutter: Lan, stelle den Topf auf den Herd!

Lan: Mutti, der Topf steht schon auf _____ Herd.

Mutter: Lan, lege die Essstäbchen neben die Teller!

Lan: Mutti, die Essstäbchen liegen schon _____Tellern.

Mutter: Lan, hänge die Lappen an die Wand!

Lan: Mutti, die Lappen ...

Mutter: ...

**C7** **Vor dem Umzug muss man sich viel vorbereiten, deshalb macht Lans Vater einen Plan. Diskutiert in Gruppen, wie soll der Plan sein.**

# D    Spielbühne

**Kennst du das Bild rechts? Rate mal, was es bedeutet! Suche im Internet oder in der Bibliothek und schreibe eine Reportage darüber.**

World Habitat Day is observed every year on the first Monday of October throughout the world. It was officially designated by the <u>United Nations</u> and first celebrated in 1986. The purpose of the day is to reflect on the state of our cities and towns and the basic <u>human right</u> to adequate shelter. It also aims to remind the world of its collective responsibility for the habitat of future generations.

> ### *Lernen mit Spaß*
> Das Internet hilft uns beim Lernen.

# E    So sprechen wir korrekt!

**Lies die Sätze und achte auf die Akzente.**

1. In Lans neuer Wohnung gibt es Schlafzimmer, Badezimmer, Arbeitszimmer, Wohnzimmer und <u>Küche</u>.
   In der Fremdsprachenschule Nanjing können die Schüler Englisch, Deutsch, Französisch oder <u>Japanisch</u> als erste Fremdsprache lernen.

2. Die meisten Deutschen wohnen in einem Hochhaus, in einem Reihenhaus, in einem Bungalow , in einem Einfamilienhaus oder <u>in einer Wohnung</u>.
   Meine Mutter hat heute im Supermarkt Rindfleisch, Eier, Gemüse, Obst, Milch und <u>Brot</u> gekauft.

3. Lans Vater muss sich jeden Morgen beeilen, erst steht er auf und zieht sich an, dann putzt er sich die Zähne, später rasiert er sich und schließlich <u>geht er zum Frühstück</u>.

Tipp: Bei Aufzählungen wird das letzte Glied betont.

# Das kann ich

## Eine Wohnung beschreiben

● Was gibt es in deiner Wohnung?

▲ In meiner Wohnung gibt es ein Wohnzimmer, ein Schlafzimmer ...

## Das Einrichten beschreiben

● Wohin stellen wir das Bett?

● Wohin hänge ich die Bilder?

● Wohin stelle ich den Schrank?

▲ Du stellst es ans Fenster.

▲ Du hängst sie an die Wand.

▲ Du stellst ihn hinter die Tür.

## Zwischen Dativ und Akkusativ unterscheiden

● Wohin gehen wir?

● Wo kaufen wir ein?

▲ Wir gehen in den Supermarkt.

▲ Wir kaufen im Supermarkt ein.

---

### *Grammatik*

**Präpositionen mit Dativ-Ergänzung und Akkusativ-Ergänzung**

● Wohin stelle ich das Buch?

▲ Ich stelle das Buch auf den Tisch.

● Wo liegt das Buch?

▲ Das Buch liegt auf dem Tisch.

**Modalverben: dürfen**

| ich | du | er, sie, es | wir | ihr | sie | Sie |
|-----|-----|-----|-----|-----|-----|-----|
| darf | darfst | darf | dürfen | dürft | dürfen | dürfen |

---

## Mind-Mapping

einundzwanzig **21**

# 3 Wohnen – aber nicht zu Hause!

## A  Mieten

**A1** Schau dir die folgenden Anzeigen an und diskutiert in Gruppen, welche Bedeutungen die Abkürzungen haben.

I
70 m², 3-Zimmer-Wohnung in DG, Miete 1900 EUR, 185 EUR NK. 1500 EUR Kaution

II
Ein modernes Apartment mit 56 m² in einem Hochhaus, verkehrsgünstig, Warmmiete 1800 EUR

III
Frei stehendes Einfamilienhaus mit 180 m² Wohnfl. 20 km von Stuttgart, sehr gute Verkehrsverbindung! Kaltmiete 3000 EUR, NK. 360 EUR

IV
42 m², 2-Zimmer-Wohnung im EG, Miete 1200EUR, NK 60 EUR, Kaution 2000 EUR

## Hier lerne ich

*Sprachkompetenz*
  Wohnungsanzeigen verstehen

*Kulturbewusstheit*
  WG-Kultur

*Denkvermögen*
  Wohnformen vergleichen

*Lernfähigkeit*
  eine E-Mail schreiben

**A2**  Unten sind vier weitere Bilder, was passt zu welcher Anzeige?

A

B

C

D

# B  Peter sucht eine Wohnung

## B1  Hör den Text. Worum geht es in dem Text?

Peter studiert nächstes Jahr in Stuttgart. Er braucht dringend eine Wohnung. Zuerst wollte er sich in der Nähe des Campus eine Wohnung im Studentenwerk suchen, um dorthin seine Sachen zu schicken. Leider ist das Studentenwohnheim bereits voll belegt. Er sieht sich deshalb eine WG an. Die WG befindet sich zwar in einem Vorort, aber es gibt viele gute Verkehrsverbindungen nach nur 10 Minuten Gehweg. Mit 500 Euro monatlich ist die Miete nicht zu hoch. Außerdem gibt es in der Nähe einen großen Supermarkt. Die Wohnung liegt im Dachgeschoss und man hat einen schönen Ausblick. Peter muss sich mit einem Kommilitonen das Wohnzimmer, das Badezimmer und die Küche teilen. Zum Glück hat er ein sonniges Zimmer. Außerdem sind die Möbel in seinem Zimmer praktisch. Im Kleiderschrank gibt es genügend Platz für seine Sachen.

### Kultur bunt

Das Wort Wohngemeinschaft (kurz WG) bezeichnet das Zusammenleben mehrerer unabhängiger, meist nicht verwandter Personen in einer Wohnung. Allgemeine Räume wie Badezimmer, Küche oder auch ein Wohnzimmer werden dabei gemeinsam genutzt.

## B2  Stelle deiner Partnerin / deinem Partner einige Fragen zum Text.

*Ab wann studiert Peter in Stuttgart?*

...

## B3  Peter hat jetzt endlich eine WG gefunden. Er schreibt eine E-Mail an seine Eltern. Kannst du ihm helfen?

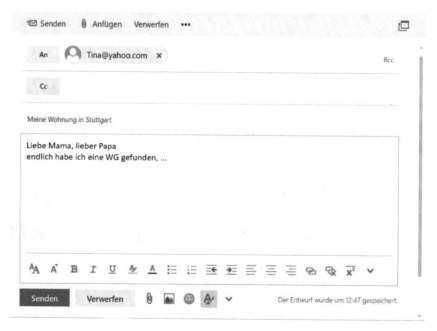

Senden  Anfügen  Verwerfen  •••

An  Tina@yahoo.com  ✕          Bcc

Cc

Meine Wohnung in Stuttgart

Liebe Mama, lieber Papa
endlich habe ich eine WG gefunden, ...

Senden    Verwerfen                    Der Entwurf wurde um 12:47 gespeichert.

**B4** Übersetze die Bezeichnungen ins Chinesische.

das Dachgeschoss

der zweite Stock

der erste Stock

das Erdgeschoß

**B5** Was gibt es noch in einem Haus? Schreibe auf, was es in einem Haus noch gibt.

*das Treppenhaus*
*der Keller ...*

**B6** In welchem Stock wohnst du am liebsten? Warum? Diskutiert in Gruppen.

# C Lan wohnt in der Schule

**C1** Hör den Text. Gefällt Lan ihr Zimmer?

Lan entscheidet sich, ab diesem Semester im Internat zu wohnen, denn ihre Wohnung ist sehr weit von der Schule entfernt. Lan freut sich sehr auf ihr neues Schulleben. Das bedeutet, dass sie selbst eigenes Leben bestimmen kann. Das Zimmer ist ungefähr 20 Quadratmeter, vier Schülerinnen teilen ein Zimmer. Jeder hat ein Hochbett, darunter ist Platz für einen Schreibtisch. Die zwei Hochbetten befinden sich in der Ecke des Zimmers. Die vier Schränke stehen hinter der Tür. Schreibtische stehen am Fenster. Endlich kann Lan ihren eigenen Bereich einrichten. Sie ist sehr stolz darauf. Sie hängt ihre Gitarre an die Wand, legt die Kleider in den Schrank und stellt die Bücher auf den Tisch. Insgesamt ist sie sehr zufrieden mit ihrem Zimmer. Lan und ihre neuen Mitbewohner möchten eine Party in ihrem Zimmer geben.

**C2** Richtig (r), falsch (f) oder nicht erwähnt (n)? Markiere.

1. Dieses Jahr muss Lan in der Schule wohnen.
2. Lan wohnt in der Nähe der Schule.
3. In Lans Zimmer wohnen 2 Mädchen.
4. Lans Mutter schmückt ihr Zimmer mit Blumen.
5. Im Zimmer hat Lan keinen Schrank, sondern nur einen Tisch.
6. Lan wohnt sehr gern in der Schule.
7. Lans Bett steht am Fenster.
8. Im Internat wohnen nur Mädchen.

> **Grammatik leicht**
>
> *Ich freue mich ...*
> *Du freust dich ...*
> *Er, sie freut sich ...*
> *Wir freuen uns ...*
> *Ihr freut euch ...*
> *Sie freuen sich ...*
> *Sie freuen sich ...*

**C3** Such die reflexiven Verben im Text und konjugiere sie.

**C4** Ordne zu. Finde die passenden Präpositionen heraus und bilde dann Sätze.

| | |
|---|---|
| 1. entfernt | A. für |
| 2. sich freuen | B. auf |
| 3. sich entscheiden | C. mit |
| 4. stolz | D. auf |
| 5. Sie ist sehr zufrieden | E. von |

**C5** Wohnst du lieber in der Schule oder zu Hause? Diskutiert in Gruppen.

**C6** Lan geht dieses Semester in die Mittelschule und sie muss an den Wochentagen in der Schule wohnen. Am Wochenende bereitet sie sich darauf vor. Was muss sie unbedingt mitnehmen? Und warum?

**C7** Die Schüler sprechen über ihre Aktivitäten im Internat.

● *Was machst du nach der Schule?*

▲ *Nach dem Unterricht gehe ich zuerst in mein Zimmer und dann esse ich etwas Leckeres.*

| | | | |
|---|---|---|---|
| Milch trinken | Bücher lesen | Hausaufgaben machen | Gitarre spielen |
| Musik hören | Basketball spielen | meine Mutter anrufen | Nachhilfe haben |
| das Zimmer im | Schulwohnheim saubermachen | | |

**C8** Am Anfang des Semesters sitzen alle Schüler zusammen und diskutieren, wie sie ihr Zimmer sauber machen. Macht Dialog!

# D  Spielbühne

**Frage deine Bekannten oder Verwandten oder suche im Internet, wie sich das Leben im Internat im letzten Jahrhundert verändert hat.**

|  | damals | heute |
|---|---|---|
| wie viele Mitbewohner |  |  |
| Bad |  |  |
| Telefon |  |  |
| Decke |  |  |
| ... |  |  |

# E  So sprechen wir korrekt!

**Lies die Sätze und achte auf die Akzente.**

1. A:  Wohnt Peter im Studentenwohnheim?

   B:  Nein, er wohnt nicht im Studentenwohn-heim, sondern <u>in der WG</u>.

2. A:  Nächstes Semester wohnt Lan im Internat.

   B:  Nein, nicht nächstes Semester, sondern <u>dieses Semester</u>.

3. A:  Lernt Lan jetzt Französisch in der Schule?

   B:  Nein, sie lernt jetzt nicht Französisch , sondern <u>Deutsch</u>.

4. A:  Wohin gehen wir? In die Bibliothek?

   B:  Nein, wir gehen nicht in die Bibliothek, sondern <u>ins Kino</u>.

Tipp: Wenn im Satz das Gegensatzpaar genannt wird, so trägt das bejahende Wort den Akzent.

**Abkürzungen in Wohnungsanzeigen kennen**

| | |
|---|---|
| NK | Nebenkosten |
| EUR | Euro |
| Wohnfl. | Wohnfläche |
| m² | Quadratmeter |

**WG kennen lernen**

**Adjektive mit festen Präpositionen lernen**

| | |
|---|---|
| entfernt | von |
| stolz | auf |
| zufrieden | mit |

**Verben mit festen Präpositionen lernen**

| | |
|---|---|
| sich freuen | auf |
| sich entscheiden | für |

**Eine E-Mail schreiben**

**Diskussion über die Wohnformen in Gruppen**

---

## *Grammatik*

**Reflexive Verben**

Ich freue mich ...          Du freust dich ...
Er/sie freut sich ...       Wir freuen uns ...
Ihr freut euch ...          Sie freuen sich ...
Sie freuen sich ...

---

**Mind-Mapping**

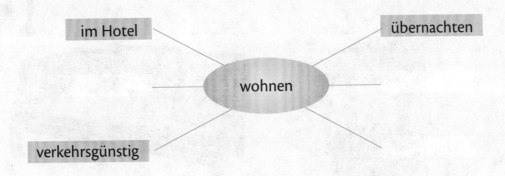

**A** **Projekt: Lans Schülerwohnheim ist zu alt, man muss es in diesen Sommerferien umbauen. Die Schule möchte nun die Schüler befragen, um Ideen für den Umbau zu sammeln. Macht einen Entwurf.**

A1 Fragt mal in der Schule, wie die Schüler ihr Schülerwohnheim finden! Wo gibt es Probleme? Macht eine Umfrage.

A2 Diskutiert in Gruppen, wie das alles zu verbessern ist.

A3 Entwerft zusammen ein neues Schülerwohnheim.

**B** **Kultur: Möbelstücke im Vergleich**

B1 Kannst du die Möbelstücke unten in der alten Zeit erkennen? Recherchiere und präsentiere in Gruppen.

B2 Wie sehen diese Möbelstücke heutzutage aus? Warum ändert sich die Möbel so? Diskutiert in Gruppen.

B3 Gibt es auch solchen Unterschied in Deutschland? Kannst du ein modernes Möbelstück in Deutschland skizzieren und beschreiben?

## C Geografie: Wohnen im Vergleich

**C1**   Weißt du, wo man diese Wohnformen findet?

**C2**   Die Mongolen wohnen in einer Jurte, weil sie sehr häufig umziehen müssen. Wisst ihr, warum die anderen Menschen so wohnen, wie in den Fotos oben dargestellt? Recherchiert in Gruppen und präsentiert eure Ergebnisse dann in der Klasse.

**C3**   Wie wohnte man vor ca. 3000 Jahren oder vor 1000 Jahren? Und wie wohnt man jetzt? Recherchiert in Gruppen und macht ein Referat über die Geschichte des Wohnens.

# 4 AGs in der Schule

## A  AGs (Arbeitsgemeinschaften)

 **Über AGs (学校社团)**

a. Was passt zusammen? Ordne zu.

> **Jetzt mitmachen!**
> 1. Musik-AG  2. Bastel-AG
> 3. Sport-AG  4. Koch-AG

_____   _____   _____   _____

b. Ihr informiert euch mehr über AGs. Lest den kurzen Text und übersetzt diesen ins Chinesische mit deiner Partnerin / deinem Partner.

> **Was sind AGs?**
> Arbeitsgemeinschaften (AGs) in der Schule sind sehr beliebt. Vor allem, weil Schülerinnen und Schüler hier ihren Interessen nachgehen können, ohne ständig an Leistung und Noten denken zu müssen. AGs gibt es in sportlichen, künstlerischen, handwerklichen oder naturwissenschaftlichen Bereichen. Die Schülerinnen und Schüler können hier gemeinsam Spaß haben und sich Fachwissen aneignen und dabei auch soziale Kompetenzen erwerben.

## Hier lerne ich

*Sprachkompetenz*
Interesse ausdrücken

*Kulturbewusstheit*
Arbeitsgemeinschaften

*Denkvermögen*
Gründe nennen

*Lernfähigkeit*
einen Fragebogen nutzen

**A2** **Wie viele von euch haben Interesse an welcher AG? Fragt in der Klasse und schreibt die Ergebnisse in die Tabelle.**

**Beispielfragen:**

1. Wer interessiert sich für ...?
2. Wen interessiert ...?
3. Wer hat Lust auf ...
4. ...

| AGs | Zahlen |
|---|---|
| Sport-AG | |
| Koch-AG | |
| Bastel-AG | |
| Musik-AG | |

**A3** **Stellt die Ergebnisse von A2 in Gruppen vor.**

**Beispielfragen:**

1. Nur eine Schülerin interessiert sich für ...
2. Die Koch-AG interessiert ...
3. Zwei von uns interessieren sich für ...
4. Fünf von uns haben Lust auf ...
5. ...

> **Lernen mit Spaß**
>
> *Durch Umfragen mit einem Fragebogen kann man auch Deutsch lernen!*

**A4** **Deine Mitschülerinnen und Mitschüler sind in unterschiedlichen AGs. Was machen sie in den AGs? Erstell einen Fragebogen mit *W-Fragen* und frag sie.**

**AGs**

**Sport-AG**

1. Welche Sportarten machst du in der AG?
2. Wie oft gehst du in die AG?
3. Wie lange bleibst du jedesmal in der AG?
4. Von wann bis wann ...
5. ...

**Koch-AG ...**
**Bastel-AG ...**
**Musik-AG ...**

# B  Das neue Semester

**B1** **Die Ferien werden vorbei. Ming schreibt eine E-Mail an Lan. Worum geht es in der Mail? Hör den Text und kreuze an.**

1. Was Neues gibt es in diesem Semester?
   a. eine neue Lehrerin　　b. eine Klavierstunde　　c. ein neues Instrument

2. Woran hat Ming großes Interesse?
   a. an der Musik-AG　　b. an Musik　　c. an einem bestimmten Kurs

Liebe Lan,

wie ist dein Urlaub in Deutschland? Die Zeit vergeht so schnell! Bald beginnt schon wieder das neue Semester! Weißt du, dass die Schule in diesem Halbjahr Klavierunterricht anbietet? Klaus sagt, dass die Klavierlehrerin Frau Wang ist. Du weisst, dass sie sehr nett ist und sehr gut Klavier spielt. Das Musikklassenzimmer ist groß und hat vier Klaviere. Nach dem Unterricht können wir auch zusammen in der Musik-AG das Klavierspielen üben.

Ich bin jetzt schon gespannt auf den Klavierunterricht und freue mich schon sehr darauf, das Klavierspielen zu lernen.

Du interessierst dich doch auch für Musik, oder? Hast du Lust, mit mir zusammen in den Unterricht zu gehen?

Liebe Grüße
Ming

**B2** **Lies den Text und beantworte die Fragen.**

1. Soll Ming ein Klavier besorgen, bevor er in den Klavierkurs geht?
2. Interessiert sich Lan auch für Musik?
3. Wer möchte an dem Klavierkurs teilnehmen?
4. Was für einen Vorschlag macht Ming Lan?
5. Ist Frau Wang sympathisch?

**B3** **Finde die Sätze im Text und ergänze die Sätze.**

1. Weißt du, _____ die Schule in diesem Halbjahr Klavierunterricht anbietet?
2. Klaus sagt, _____ die Klavierlehrerin Frau Wang ist.
3. Du weisst, _____ sie sehr nett ist und sehr gut Klavier spielt.
4. Ich freue mich schon sehr darauf, das Klavierspielen _____ lernen.
5. Hast du Lust, mit mir zusammen in den Unterricht _____ gehen?

**B4** **Die Mitschülerinnen und Mitschüler sprechen über die Musik-AG in ihrer Schule. Ergänze die Sätze mit *dass* oder *zu*.**

1. Weißt du, _____es in diesem Halbjahr an unserer Schule einen Klavierkurs gibt?

2. Hast du Lust, mit mir zusammen in den Musikkurs _____ gehen?
3. Ich glaube, _____ sich Dieter auch für das Klavierspielen interessiert.
4. Das Ziel der Musik-AG ist, unser Interesse an Musik _____ erwecken.
5. Wir haben noch Zeit, ein neues Musikinstrument_____lernen.
6. Ich habe mir vorher nicht gedacht, _____ die Musik-AG so viele Aktivitäten anbietet.

---

### Grammatik leicht

Klaus sagt ...
Frau Wang ist sympathisch. } = Klaus sagt, dass Frau Wang sympathisch ist.

Klaus hat etwas vor.
Klaus lernt das Klavierspielen. } = Klaus hat vor, das Klavierspielen zu lernen.

---

**B5** **Lan ist Mitglied der Musik-AG. Sie möchte in dem neuen Semester mehr Mitglieder für ihre AG gewinnen und macht ein Plakat für ihre AG. Hilft ihr, das Plakat fertig zu machen.**

Hast du Interesse,

Musik zu hören?

Lieder zu singen?
Musikinstrumente zu spielen?
_____?
_____?
_____?
_____?

Wenn ja,
dann: **Komm zu unserer Musik-AG**

---

**B6** **Ihr geht in unterschiedliche AGs, aber warum? Sprecht in Gruppen mit *weil* oder *deshalb*.**

1. Ich gehe in die Koch-AG, weil ich gern Gerichte koche.
2. Ich spiele gern Fußball, deshalb gehe ich in die Sport-AG.
3. ...

| Koch-AG | Sport-AG | Bastel-AG |
|---|---|---|
| Gerichte kochen | Fußball spielen | Kreativität fördern |
| Kochkultur kennenlernen | gesund leben | kreative Ideen entwickeln |
| Rezepte entwickeln | schöne Figur haben | Ausdauer trainieren |
| leckere Gerichte genießen | fit bleiben | ... |
| ... | ... | |

---

### Grammatik leicht

Ich gehe in die Musik-AG, **weil** ich gern Musik <u>höre</u>.
Ich höre gern Musik, **deshalb** <u>gehe</u> ich in die Musik-AG.

## C   Zusammen etwas unternehmen!

**C1**   **Die AGs in der Schule bieten viele Veranstaltungen an.**

**a. Lies die folgenden vier Anzeigen und ergänze die Tabelle.**

|  | Zeit | Ort | Programme/Veranstaltung | Sonstiges |
|---|---|---|---|---|
| Musik-AG |  |  |  |  |
| Sport-AG |  |  |  |  |
| Bastel-AG |  |  |  |  |
| Koch-AG |  |  |  |  |

Wir laden dich herzlich ein!!!
Einladung zum Musikfest!
Am Sonntag, dem 20. Oktober
vor der Bibliothek

PROGRAMM:
13:00 Uhr        Klavierspiel
                         Geigespiel
                         Gitarrespiel

ab 18:00 Uhr Tanz

kulturelle Interessen oder Hobbys
gemeinsam ausleben.
Sport- und Spielfest
10. September, 15:00 Uhr

Sportplatz Peking-Straße 2

Einzel- und Gruppen-Wettkämpfe
Kuchen, Getränke, Gegrilltes ...

Am Freitag, dem 17. November
von 14.00 bis 16.00 Uhr wollen
wir Euch zur Koch-Party
einladen.

Einfach kommen und gemeinsam
kochen!
Ort: Forscherlabor an unserer
Schule

Einladung zur Bastel-Party bei uns
am Dienstag, dem 10. Dezember
von 13.15 bis 16.15 Uhr.

Wir wollen zusammen eine
Karte zum Geburtstag unseres
Deutschlehrers basteln!
Ort: Unser Klassenzimmer 2

**b. Ihr plant mit der obigen Tabelle, an einer Veranstaltung teilzunehmen und berichtet in Gruppen.**

1. Bald hat meine Mutter Geburtstag. Ich möchte an diesem Tag etwas für sie kochen, deshalb gehe ich in die Koch-Party am 17. November von 14.00 bis 16.00.
2. ..., deshalb ...

**C2** **Ming, Lan und Klaus diskutieren gerade, ob sie zusammen zu einer Veranstaltung gehen.**

**a. Hör den Text. Worüber sprechen sie?**

Ming: Leute, die Bastel-Party interessiert mich, ich möchte dahingehen. Kommt ihr mit?

Lan: Die Geburtstagskarte selber zu basteln, ist eine gute Idee, aber am Dienstagnachmittag habe ich doch den Mathekurs. Ich kann leider nicht mitkommen.

Klaus: Da habe ich Zeit, ich komme mit. Ihr wisst doch, dass mein Lieblingslehrer Herr Zhang bald Geburtstag hat. Ich wollte schon immer eine Karte für ihn machen.

Ming: Prima, ich mag ihn auch sehr, weil er sehr gut unterrichtet und uns beim Lernen viel hilft.

Klaus: Genau, alle mögen Herrn Zhangs Deutschunterricht, weil er uns gut motiviert und oft lobt. Zu seiner Geburtstagsparty komme ich auf jeden Fall, ...

**b. Warum mögen alle den Deutschlehrer Herrn Zhang? Sprecht in Gruppen.**

uns beim Deutschlernen helfen

Warum mögen wir alle unseren Deutschlehrer, Herrn Zhang? → uns loben

→ ...

Ich mag Herrn Zhang, weil er uns immer lobt.
Herr Zhang lobt uns immer, deshalb mag ich Herrn Zhang.
Ich mag Herrn Zhang, weil ...

**C3** **Der Geburtstag von Herrn Zhang kommt bald.**

**a. Ihr möchtet eine Geburtstagskarte für Herrn Zhang in der Bastel-AG erstellen. Diskutiert darüber und präsentiert die dann in Gruppen.**

**b. Zu dem Geburtstag möchtet ihr in der Klasse das Geburtstagslied für Herrn Zhang singen. Lernt das Lied und singt es zusammen vor.**

**Das Geburtstagslied**

Zum Geburtstag viel Glück!
Zum Geburtstag viel Glück!
Zum Geburtstag alles Gute!
Zum Geburtstag viel Glück!

Zum Geburtstag viel Glück!
Zum Geburtstag viel Glück!
Zum Geburtstag alles Gute!
Zum Geburtstag viel Glück!

## D Spielbühne

**D1** Was macht man in den folgenden AGs? Recherchiert und sprecht in Gruppen.

**D2** Dein deutscher Freund interessiert sich sehr für die AGs in chinesischen Schulen. Stell ihm in einer E-Mail die folgenden chinesischen AGs vor.

Peking-Oper-AG

Tai Chi-AG

Kalligraphie-AG

Scherenschnitt-AG

## E So sprechen wir korrekt!

Tipp: Achte auf den Satzakzent!

**E1** Lies die Dialoge.

1. ● Ich bin **sehr** müde.
   ▲ Du singst **zu** viel.
   ● Ja, **deshalb** bin ich müde.

2. ● Ich bin so dick.
   ▲ Du kochst **zu** viel und isst **zu** viel.
   ● Ja, **deshalb** bin ich so dick.

3. ● Ich habe keine Zeit mehr.
   ▲ Du hast **zu** viele Aktivitäten in der AG.
   ● Ja, **deshalb** habe ich keine Zeit mehr.

4. ● Ich spiele nicht gut Klavier.
   ▲ Du übst **zu** wenig.
   ● Ja, **deshalb** spiele ich nicht gut Klavier.

**E2** Lies die Sätze.

1. Ich gehe gern in die Koch-AG, **weil** ich dort das Kochen üben kann.
2. Ich möchte in die Bastel-AG gehen, **weil** ich vieles selbst basteln möchte.
3. Ich mag die Musik-AG, **weil** ich Klavier gerne spiele.
4. Ich mag die Sport-AG, **weil** wir dort zusammen Sport machen können.

### Über das Interesse sprechen

- ● Wer interessiert sich für die Musik-AG? ▲ Ich interessiere mich für die Musik-AG.
- ● Wen interessiert die Bastel-AG? ▲ Die Bastel-AG interessiert mich.
- ● ...

### Gründe nennen

– Ich mag Herrn Zhang, weil er sehr guten Unterricht macht.
– Ich mag Herrn Zhang, weil ...

### Zusammenhänge nennen

– Herr Zhang hilft uns beim Lernen viel, deshalb mag ich ihn.
– Ich lerne zu wenig Deutsch, deshalb ...

## Grammatik

### *dass* oder *zu*

| a. Ich habe vor ...<br>b. Ich gehe im vierten Semester nach Deutschland. | a + b<br>Ich habe vor, im vierten Semester nach Deutschland zu gehen. |
| --- | --- |
| a. Die Mutter weiß ...<br>b. Das Kind hat recht. | a + b<br>Die Mutter weiß, dass das Kind recht hat. |

### *weil* oder *deshalb*

| Ich mag Herrn Zhang, weil er uns beim Lernen viel hilft. |
| --- |
| Herr Zhang hilft uns beim Lernen viel, deshalb mag ich ihn. |

### Mind-Mapping

Musik-AG — Arbeitsgemeinschaften — Spaß machen

# 5 Schülerzeitung

## A    In der Zeitung

**A1**    Welche folgenden Rubriken einer Zeitung kennst du?

> Sport    Wirtschaft    Kultur    Spiele    Politik    Gesellschaft

Merkel warnt vor Pauschalurteil gegen Flüchtlinge

Mit Rückschlägen klarkommen

Hier lacht das Volk

Investoren sollten vorsichtig sein

Hamburg schafft ersten Saisonsieg, unentschieden in Augsburg

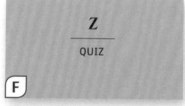

Die neue Quiz-Community

## Hier lerne ich

*Sprachkompetenz*
Zeitungsrubriken verstehen

*Kulturbewusstheit*
Austauschprogramme

*Denkvermögen*
eine Diskussion führen

*Lernfähigkeit*
durch Erstellung einer Zeitung
lernen

**A2** **Welchen Zeitungsteil liest du wie oft? Kreuze an und frag deine Partnerin / deinen Partner.**

|  | Sport | Wirtschaft | Kultur | Spiele | Politik | Gesellschaft |
|---|---|---|---|---|---|---|
| nie |  |  |  |  |  |  |
| fast nie | X |  |  |  |  |  |
| selten |  |  |  |  |  |  |
| manchmal |  |  |  |  |  |  |
| oft |  |  |  |  |  |  |
| häufig |  |  |  |  |  |  |
| meistens |  |  |  |  |  |  |
| fast immer |  |  |  |  |  |  |
| immer |  |  |  |  |  |  |

● Wie oft liest du den Sportteil?
▲ Ich lese fast nie den Sportteil.
● Wie oft ...

**Grammatik leicht**

*Temporales
Adverb*

100%
0%

immer
fast immer
meistens
häufig
oft
manchmal
selten
fast nie
nie

**A3** **Wer macht was? Ordne zu.**

A  B  C
D  E  F

1. Der Illustrator _____.   4. Der Journalist _____.
2. Der Fotograf _____.   5. Der Bildredakteur _____.
3. Der Redakteur _____.   6. Der Chefredakteur _____.

a. leitet die Zeitung   d. macht Interviews
b. bearbeitet die Bilder   e. verbessert die Artikel
c. macht Fotos   f. illustriert die Zeitung

**A4** **Welche der Arbeiten kannst du machen, wenn du bei einer Schülerzeitung mitarbeitest? Diskutiert in Gruppen.**

Ich kann Fotos machen, weil ich sehr gut fotografiere.
...

# B    Ein Meeting zur neuen Zeitung

**B1**   **Hör den Text. Worum geht es in dem Text?**

Ming ist Chefredakteur der Schülerzeitung. Er arbeitet gerade mit seinem Team an der nächsten Ausgabe. Es ist die letzte Ausgabe in diesem Schuljahr, deshalb möchte das Team den Lesern etwas Besonderes bieten. Heute findet die Redaktionssitzung statt. Ming leitet die Sitzung und bittet um Vorschläge. Lan möchte für die neue Ausgabe etwas Schönes zeichnen. Die Winterferien kommen bald. Alle feiern dann das Frühlingsfest und auch die Schule wird festlich geschmückt. Die neue Ausgabe soll deshalb auch festlich aussehen, meint Lan. Xiaoyun schlägt vor, etwas über das Frühlingsfest zu schreiben — über die Sitten und Gebräuche des chinesischen Frühlingsfests. Xiaofeng findet ein Rätselspiel mit einer besonderen Belohnung für den Besten prima. Die Mitschülerinnen und Mistschüler wollen bestimmt alle an diesem Rätselspiel teilnehmen, um die Preise zu gewinnen.

Und so diskutieren sie lebhaft weiter ...

**B2**   **Lies den Text. Richtig (r), falsch (f) oder nicht erwähnt (n)? Markiere.**

1. Ming ist Chefredakteur in einem großen Verlag.
2. Die neue Ausgabe der Schülerzeitung ist schon lange fertig.
3. Ming und sein Team müssen dieses Jahr nur noch eine Ausgabe herausgeben.
4. Die Schülerzeitung hat nur eine Ausgabe im Jahr.
5. Die Schülerinnen und Schüler wollen sicherlich alle beim Rätselspiel mitmachen.
6. Der Lehrer kommt auch zu der Sitzung.
7. Die Schülerinnen und Schüler in Mings Schule möchten zusammen in der Redaktion das Frühlingsfest feiern.

**B3**   **Ming und sein Team diskutieren weiter über das Rätselspiel für die neue Ausgabe. Ergänze Präpositionen im Text.**

mit, um, über, auf, an

Ming möchte ein schönes Rätsel anbieten, damit die Schülerinnen und Schüler aktiv_____ dieser Rätselaktion teilnehmen. Er bittet sein Team _____ Vorschläge darüber. Lan meint, dass sich die Mitschülerinnen und Mitschüler _____ das chinesische Neujahr interessieren können. Xiaoyun sagt, dass sie im letzten Jahr schon etwas Ähnliches hatten. In drei Monaten ist das 20. Jubiläum der Schülerzeitung, deshalb schlägt sie vor, ein Rätsel über die Schülerzeitung zu machen. Das Team findet die Idee gut und beginnt, passende Rätselfragen zu stellen. Zwei Stunden später sind sie fertig _____ den Fragen. Alle freuen sich jetzt _____ das Rätselspiel.

**B4** **Ming und sein Team möchten in dieser Ausgabe ein Rätselspiel über die Schülerzeitung anbieten. Helft ihnen dabei in Gruppen.**

| Die Entwicklungsgeschichte der Schülerzeitung |
|---|
| 1. Wer ist der Gründer der Schülerzeitung? |
| 2. Wie viele Teile hat die Schülerzeitung? |
| 3. Welchen Teil lesen die Schülerinnen und Schüler am liebsten? |
| 4. Wie oft ... |
| ... |
| ... |

**B5** **Ming und sein Team möchten für das Rätselspiel Geschenke vorbereiten. Diskutiert und macht weitere Vorschläge.**

Krimi

Kinokarte

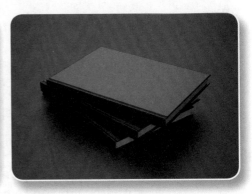
Hefte

Ich finde, dass ein Krimi geeignet ist, denn die meisten mögen so etwas.
Ich glaube, nicht alle mögen Krimis, eine Kinokarte ist ein besseres Geschenk, weil ...
Meiner Meinung nach ...
...

# C Rund um die Schülerzeitung

**C1** **Hör den Text. Worum geht es in dem Text?**

Lan und Ming sprechen gerade über die zwölf Artikel für die neue Ausgabe der Zeitung:

| | |
|---|---|
| Lan: | Sind alle zwölf Artikel schon fertig? |
| Ming: | Elf Artikel sind schon da, zehn davon sind fertig. Den Text über die Reise nach Deutschland muss Thomas sprachlich noch verbessern. Der Artikel über das Austauschprogramm fehlt noch. Xiaowen wollte etwas darüber schreiben, aber sie ist im Moment mit der Schülervertretung sehr beschäftigt. |
| Lan: | Mit der Schülervertretung? |
| Ming: | Bald findet die Wahl für die Schülervertretung statt, sie ist eine Kandidatin. |
| Lan: | Ach so, dann hat sie wohl keine Zeit mehr für den Artikel. Ich kann mich daran nicht mehr erinnern, ob Xiaofeng das Austauschprogramm auch kennt. Frag ihn mal danach! Er ist schon aus dem Urlaub wieder da. |
| Ming: | Gute Idee, ich rufe ihn gleich an. |

---

**Kultur bunt**

**Austauschprogramm**
*Schüleraustausch bezeichnet den gegenseitigen Besuch von Schülergruppen oder einzelnen Jugendlichen aus unterschiedlichen Ländern.*
*Sinn und Zweck ist das Kennenlernen der Kultur, der Sprache und der schulischen Inhalte. Schüler können durch einen Austausch sowohl ihre interkulturellen Kompetenzen ausbauen, als auch ihre eigenen Sprachkenntnisse verbessern und selbständiger werden.*

---

**C2** **Hör den Text noch einmal und antworte auf die folgenden Fragen.**

1. Worüber sprechen Lan und Ming?
2. Wie viele Artikel sind schon fertig?
3. Wer sollte den Artikel über das Austauschprogramm schreiben?
4. Wann findet die Wahl für die Schülervertretung statt?
5. Welcher Artikel fehlt noch?
6. Warum ist Xiaowen so beschäftigt?

**C3** Ihr sprecht über Thomas Reise nach Beijing. Ergänze die folgenden Sätze mit den angegebenen Wörtern.

> etwas Schönes    etwas Besonderes    etwas Leckeres    etwas Überraschendes

Partner A: Hat Thomas _____ im Urlaub erlebt? Er ist sehr zufrieden mit seiner Reise nach Beijing.

Partner B: Ja, Thomas hat auf der Reise _____ gegessen, deshalb findet er jetzt das Essen in Beijing fantastisch.

Partner A: Hat er auch _____ gesehen?

Partner B: Ja, er hat auch viele Sehenswürdigkeiten besichtigt, z.B. die Verbotene Stadt, den Sommerpalast ...

Partner A: Oh, das klingt gut, ich möchte auch mal eine Reise nach Beijing machen. Ach, übrigens, möchtest du an diesem Wochenende _____ mit mir unternehmen?

Partner B: Aber natürlich. Was denn?

### Grammatik leicht

**etwas+adj**

| | | | | |
|---|---|---|---|---|
| | | schön | | etwas Schönes |
| | | lecker | | etwas Leckeres |
| etwas | + | interessant | = | etwas Interessantes |
| | | klein | | etwas Kleines |
| | | ... | | |

**C4** Xiaowen hat erst angefangen, für die neue Ausgabe den Artikel über ein Austauschprogramm zu schreiben. Kannst du ihn für sie fertigschreiben?

#### Unser Austauschprogramm

Seit 10 Jahren gibt es bei uns in der Schule ein Austauschprogramm. Wir können in Deutschland zwei Monate bei einer Gastfamilie wohnen. Dort können wir ...

**C5** Ein Leser schreibt, dass zwei Ausgaben im Jahr zu wenig sind. Er fragt, ob die Redaktion zukünftig vier Ausgaben pro Jahr veröffentlichen kann. Mings Team und zwei Vertreter der Leser diskutieren über die Zeitung im neuen Jahr. Spielt Rollen und sprecht in Gruppen über die folgenden Punkte.

1. Ausgaben
2. Themen
3. Zeitplan
4. Aufgaben
5. ...

# D  Spielbühne

**D1** Kennst du eine Schülerzeitung? Malt oder skizziert hier zusammen in Gruppen die Titelseite einer Schülerzeitung.

**D2** Ihr schreibt gerade in der Schülerzeitung über das Thema „Nach der Prüfung", dazu braucht ihr ein Foto. Sprecht in der Sitzung zusammen darüber, welches Bild am besten passt.

*Bild B finde ich ganz lustig. Im Vergleich zu Bild A, C und D ist Bild B etwas Besonderes.*

Ich finde ... / Ich meine ... / Meiner Meinung nach ... /
Du hast recht. / Das finde ich auch./ So sehe ich das auch. /
Das finde ich nicht. / Das glaube ich nicht. / Da bin ich ganz anderer Meinung, weil ...

# E  So sprechen wir korrekt!

**E1** Lies die Sätze. Achte auf den Satzakzent.

1. Ich lese **nie** den Sportteil.
2. Ich lese **manchmal** den Politikteil.
3. Ich lese **oft** den Kulturteil.
4. Ich lese **immer** den Teil über Gesellschaft.

> Tipp: Achte auf die Pausen!

**E2** Lies die Sätze vor, übe die Aussprache mit richtigen Pausen.

● Schreiben wir morgen gemeinsam den Artikel für die neue Ausgabe?
▲ Ich will Maria nicht.
● Warum willst du nicht, dass Maria auch kommt? Sie ist doch so sympathisch.
▲ Nein, ich will mitgehen, Maria will nicht mitgehen.
● Ach, du meinst, du willst / Maria nicht.

● Xiaofeng sagt, Ming wird morgen zur Schülerzeitung kommen.
▲ Was? Aber Xiaofeng hat mir gestern gesagt, dass Ming nicht kommt.
● Nein, Xiaofeng kommt nicht, aber Ming kommt.
▲ Also, du meinst, Xiaofeng sagt, dass Ming morgen kommen wird.

## Das Arbeiten an einer Schülerzeitung beschreiben

– Der Illustrator illustriert die Zeitung.   – Der Journalist macht Interviews.

– Der Fotograf macht Fotos.   – Der Bildredakteur bearbeitet die Bilder.

– Der Redakteur verbessert die Artikel.   – Der Chefredakteur leitet die Zeitung.

## Standpunkt vertreten

– Ich finde … / Ich meine … / Meiner Meinung nach … /

– Du hast recht. / Das finde ich auch. / So sehe ich das auch. / …

– Das finde ich nicht. / Das glaube ich nicht. / Da bin ich ganz anderer Meinung, weil … /

---

### Grammatik

**Verben + Präpositionen**

| Verb | Präposition | + Dativ | + Akkusativ |
|---|---|---|---|
| arbeiten | an | X | |
| bitten | um | | X |
| teilnehmen | an | X | |
| sich interessieren | für | | X |

**Temporales Adverb:**

| nie | fast nie | selten | manchmal | oft | häufig | meistens | fast immer | immer |
|---|---|---|---|---|---|---|---|---|

**etwas + adj**

| etwas | + | schön | = | etwas Schönes |
|---|---|---|---|---|
| | | lecker | | etwas Leckeres |
| | | interessant | | etwas Interessantes |
| | | klein | | etwas Kleines |
| | | … | | |

---

## Mind-Mapping

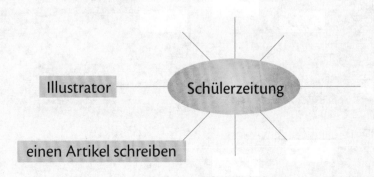

# 6 Schülervertretung

## A   Aufgaben der Schülervertretung

**A1** Sieh dir die Bilder an und ordne zu.

Interessen der Schüler _____

Veranstaltungen _____

das Schulleben _____

Konflikte _____

| wahrnehmen   mitgestalten   durchführen   lösen |
| --- |

## Hier lerne ich

*Sprachkompetenz*
über Aufgaben der
Schülervertretung sprechen und
schreiben

*Kulturbewusstheit*
Vorbereitung einer Wahl

*Denkvermögen*
Zwecke ausdrücken

*Lernfähigkeit*
mit Plakaten lernen

**A2** **Was macht die Schülervertretung? Hör den Text und ergänze die Sätze.**

Die Schülervertretung nimmt die _____ aller Schülerinnen und Schüler
wahr. Sie gestaltet _____ _____ mit und führt _____ durch.
Außerdem löst sie auch _____ und nimmt an der Lehrerkonferenz teil.

**A3** **Welche Aufgaben hat die Schülervertretung noch? Ergänzt in Gruppen
das folgende Assoziogramm.**

**A4** **Stellt die Aufgaben der Schülervertretung mit konkreten Beispielen
vor. Präsentiert eure Ergebnisse mit Plakaten.**

## B Aktivitäten

**B1** **Hör den Text. Worum geht es in dem Text?**

Das Frühlingsfest kommt bald. Das Team der Schülervertretung hat gerade eine Sitzung, um für das Frühlingsfest schöne Aktivitäten zu organisieren.

Schüler 1: ... Also, ich schlage vor, dass wir diesmal etwas Sinnvolles machen, nicht wieder etwas über die Geschichte des Frühlingsfests.

Schüler 2: Ich stimme dir zu. Jedes Jahr immer das Gleiche, das ist doch langweilig. Um das Frühlingsfest schön zu feiern, müssen wir neue Ideen entwickeln.

Schüler 3: Ich habe eine Idee: Zum Frühlingsfest bekommen wir Geschenke, meistens in Form von Geld von unseren Eltern oder Verwandten. Diese Tradition können wir dieses Jahr anders nutzen. Wir können eine Spende organisieren, damit obdachlose und bedürftige Menschen etwas Geld bekommen.

Schüler 1: Gute Idee! Ich kann für sie noch Plätzchen backen, damit sie noch ein kleines Geschenk zum Fest bekommen.

Schüler 3: Das finde ich wirklich nett.

Schüler 2: Super, das machen wir!

**B2** **Lies den Text. Richtig (r) oder falsch (f)? Markiere.**

1. Die Schüler haben jetzt Semesterferien.
2. Das Team der Schülervertretung feiert gerade zusammen das Frühlingsfest.
3. Das Team organisiert jedes Jahr eine Spende.
4. Im Team der Schülervertretung sind wohnungslose und bedürftige Menschen.
5. Das Team möchte etwas Leckeres backen und verkaufen.
6. Das Team möchte obdachlosen und bedürftigen Menschen helfen.

**B3** **Sprich mit deiner Partnerin / deinem Partner darüber, wozu die Schülervertretung (SV) was macht.**

1. Das Team der Schülervertretung hat gereade eine Sitzung, _____ für das Frühlingsfest schöne Aktivitäten _____ organisieren.

2. _____ das Frühlingsfest schön _____ feiern, müssen wir neue Ideen entwickeln.

3. Die SV möchte eine Spende organisieren, _____ obdachlose und bedürftige Menschen etwas Geld bekommen.

4. Ein Schüler möchte Päckchen backen, _____ obdachlose und bedürftige Menschen noch ein kleines Geschenk zum Fest bekommen.

## Grammatik leicht

| | | |
|---|---|---|
| Die SV organisiert eine Spende.<br><br>Die SV möchte Geld für obdachlose und bedürftige Menschen sammeln. | = | Satz 1: Die SV organisiert eine Spende, **damit die SV** Geld für obdachlose und bedürftige Menschen **sammelt**. |
| Die SV organisiert eine Spende.<br><br>Die SV möchte Geld für obdachlose und bedürftige Menschen sammeln. | = | Satz 2: Die SV organisiert eine Spende, **um** Geld für obdachlose und bedürftige Menschen **zu** sammeln. |

**B4** **Du möchtest deinem deutschen Freund Thomas die SV in deiner Schule vorstellen, deshalb möchtest du die SV mal interviewen.**

a. **Erstellt in Gruppen einen Fragebogen, um die SV zu befragen.**

> **Die SV in unserer Schule**
>
> Frage 1: Seit wann gibt es die SV?
>
> Frage 2: Was macht unsere SV?
>
> Frage 3: Wer ist die Leitung von SV?
>
> Frage 4: Wann ...
>
> Frage 5:
>
> Frage 6:

b. **Interviewt die SV mit dem Fragebogen in Gruppen.**

**B5** **Das Team möchte zusammen Plätzchen backen. Sprecht in Gruppen über die folgenden Punkte.**

1. Wer hat ein gutes Rezept?
2. Wo kaufen wir ein?
3. Wann und wo sollen wir Plätzchen backen?
4. Wen sollten wir einladen?
5. ...

# C Wahl der Schülervertretung

**C1** **Hör den Text. Worum geht es in dem Text?**

Bald findet die Wahl der Schülervertretung statt. Xiaowen möchte für die Wahl kandidieren. Sie spricht gerade über die Vorbereitung mit Lan.

| | |
|---|---|
| Lan: | Na, ist deine Rede schon fertig? |
| Xiaowen: | Nein, nicht wirklich. Ich kann erst morgen den ersten Teil schaffen. Seit zwei Tagen arbeite ich an dem Plan für die Aktivitäten im nächsten Jahr. |
| Lan: | Woran arbeitest du? |
| Xiaowen: | An dem Plan für die Aktivitäten im nächsten Jahr. Also, um bei der Wahl mehr Stimmen zu gewinnen, sollte ich doch etwas Neues anbieten. |
| Lan: | Worum geht es genau? |
| Xiaowen: | Es geht um neue Sportarten, wie Tennis und Handball. Dafür sollen sich die meisten interessieren. |
| Lan: | Ich drücke dir die Daumen. Damit du besser vorbereitet bist, können wir nachher gemeinsam deine Präsentation üben. |
| Xiaowen: | Gerne, vielen Dank! |

**C2** **Lies den Text und antworte auf die folgenden Fragen.**

1. Wann findet die Wahl für die Schülervertretung statt?
2. Wer ist eine Kandidatin für die Wahl?
3. Hat Xiaowen die Rede schon fertig geschrieben?
4. Woran arbeitet Xiaowen gerade?

**C3** **Welche Eigenschaften sind wichtig für eine Kandidatin / einen Kandidaten? Diskutiert in Gruppen darüber.**

> fleißig   tüchtig   hilfsbereit   großzügig   verantwortungsvoll   optimistisch   offen

*Als Kandidatin/Kandidat sollte man verantwortungsvoll sein, um Probleme richtig lösen zu können.*
*Als Kandidatin/Kandidat sollte man freundlich sein, damit ihn die anderen sympathisch finden.*

**C4** **Was sollte man als Kandidatin/Kandidat vorbereiten? Diskutiert in Gruppen darüber.**

* *Lebenslauf vorbereiten*
* *sich anmelden*
* *eine Rede vorbereiten*
* *eine Rede halten*
* ...

**C5** Xiaowen möchte ihre Mitschülerinnen und Mitschüler besser kennenlernen und spricht mit Lan über sie. Was interessiert die Mitschüler?
Spielt Rollen von Xiaowen und Lan und macht die Dialoge.

Lan: Wofür interessiert sich Thomas?
Xiaowen: Thomas interessiert sich für Musik, dafür interessiere ich mich auch.
Xiaowen: Wofür interessiert sich Max?
Lan: Max interessiert sich für Sport, und dafür interessiere ich mich leider nicht.
 Wofür ...?

### Xiaowen

|  | interessieren sich + für | denken + an | bitten + um |
|---|---|---|---|
| Thomas | Musik |  |  |
| Max |  | Matheaufgabe | Hilfe beim Basteln |
| Anna | Lesen |  |  |
| Mia |  | Wochenende | eine Englischwoche |
|  |  |  |  |

### Lan

|  | interessieren sich + für | arbeiten + an | bitten + um |
|---|---|---|---|
| Thomas |  | der Planung der Sommerferien | ein Fußballspiel |
| Max | Sport |  |  |
| Anna |  | der Planung einer Reise nach Peking | einen Tanzkurs |
| Mia | Basteln |  |  |

**Grammatik leicht**

*Wofür* interessiert sich Thomas?
*Thomas interessiert sich für Musik.*
*Dafür interessiere ich mich auch.*

**Reden ist Gold**

Wer sich für vieles interessiert,
erweitert sein Wissen,
Wer sich für alles interessiert,
bereichert sein Leben.

# D  Spielbühne

Überlegt euch ein paar Ideen für Xiaowen, damit sie mehr Stimmen bei der Wahl bekommt. Schreibt zusammen eine Rede für ihre Wahl. Der folgende Aufbau einer Rede hilft euch.

**Aufbau einer Rede:**
- **Einleitung:**
    - Begrüßung
    - Selbstvorstellung
    - Grund der Rede
- **Hauptteil:**
    - Über das letzte Jahr
    - Den jetzigen Zustand schildern
    - Klar machen, was geändert werden muss und wie man dorthin kommen kann
    - Das Redeziel mit Argumenten, Beispielen und Gründen beweisen
- **Schluss:**
    - Zusammenfassung
    - Dank

# E  So sprechen wir korrekt!

**E1  Lies die Sätze vor, übe die Aussprache mit richtigen Pausen.**

- ● Woran / denkt Xiaowen?
- ▲ Xiaowen denkt / an die Matheaufgabe.
- ● Achso, daran / denkt Xiaowen.

- ● Wofür / interessieren sich die Leser?
- ▲ Die Leser interessieren sich / für das Schulleben.
- ● Ach so, dafür / interessieren sich die Leser.

- ● Worum / geht es in dem Text?
- ▲ Es geht in dem Text / um die Aufgaben von der Schülervertretung.
- ● Ach so, darum / geht es in dem Text.

- ● Worum / bittet Ming?
- ▲ Ming bittet / um die Rede über die Wahl.
- ● Ach so, darum / bittet Ming.

**E2  Lies die Sätze vor, übe die Aussprache mit richtigen Pausen.**

Wir diskutieren jetzt Ming!
Ich präsentiere zuerst Ming!
Was willst du schon wieder?
Schreibt die Rede nicht wartet bis wir kommen.

**Tipps:**
Wir diskutieren jetzt / Ming!
Ich präsentiere zuerst / Ming!
Was / willst du schon wieder?
Schreibt die Rede nicht / wartet bis wir kommen.

## Über Aufgaben der Schülervertretung sprechen

Die Schülervertretung
- nimmt die Interessen aller Schülerinnen und Schüler wahr.
- gestaltet das Schulleben mit.
- führt Veranstaltungen durch.
- löst Konflikte.
- nimmt an der Lehrerkonferenz teil.

...

## Absichten ausdrücken

- Als Kandidatin/Kandidat sollte man verantwortungsvoll sein, um Probleme richtig lösen zu können.
- Als Kandidatin/Kandidat sollte man freundlich sein, damit ihn die anderen sympathisch finden.

...

### Grammatik

**Wo + (r, vor „a,u,ü,i") + Präposition:**

- ● Woran arbeitest du?
- ▲ Daran arbeite ich.
- ● Wofür interessierst du dich?
- ▲ Dafür interessiere ich.
- ● Worum geht es genau?
- ▲ Darum geht es.

- ● Worum bittet sie?
- ▲ Darum bittet sie.
- ● Woran denkt er?
- ▲ Daran denkt er.

*um ... zu* **oder** *damit*

| a. Ich lerne Deutsch.<br>b. Ich studiere dann in Deutschland. | a + b<br>Ich lerne Deutsch, um dann in Deutschland zu studieren. |
|---|---|
| a. Der Vater geht mit der Familie nach Deutschland.<br>b. Peter lernt dann in einer Schule in Deutschland. | a + b<br>Der Vater geht mit der Familie nach Deutschland, damit Peter dort in einer Schule lernt. |

## Mind-Mapping

Aktivitäten organisieren

hilfsbereit

Wichtig für die Schülervertretung

# Station 2

## A  Projekt: eine Zeitung erstellen

**A1**  Ihr möchtet zusammen eine Zeitung erstellen. Welches Thema soll die neue Ausgabe haben? Macht einen Klassenspaziergang mit den folgenden Fragen:

1. Gibt es in Medien wie Radio, Fernsehen oder Internet etwas Besonderes?
2. Gibt es etwas Besonderes in deinem Leben?
3. Gibt es etwas Neues aus der Schule zu berichten?
4. Gibt es Veränderungen in der Schule?

…

**A2**  Welche Rubriken soll eure Zeitung haben? Wählt aus den folgenden Rubriken aus und diskutiert darüber.

Sport

Kultur

Gesundheit

Auto

Reise

Wissenschaft

Netzwerk

Lernen

Wirtschaft

**A3**  Schreibt in Gruppen jeweils für eine Rubrik einen Artikel für die Schülerzeitung. Arbeitet in Gruppen und präsentiert am Ende eure Zeitung.

*Vorschlag: Ihr könnt ein Interview machen, eine Umfrage durchführen oder in der Bibliothek recherchieren.*

# B Kultur: Zeitungen im Vergleich

**B1** Welche Gemeinsamkeiten und Unterschiede könnt ihr finden? Vergleicht die folgenden Zeitungen.

**B2** Wie haben sich Zeitungen entwickelt? Sammelt Fotos von Zeitungen aus unterschiedlichen Zeitabschnitten und berichtet dann in der Klasse.

**B3** Printmedien oder digitale Medien? Debattiert in Gruppen.

# C Medienwissenschaft: Zuverlässige Quellen

**C1** Welche Medien nutzt ihr wozu? Teilt euch in Gruppen auf und befragt euch gegenseitig.

**C2** Kennt ihr das Wort „postfaktisch"? Was bedeutet das Wort? Schlagt im Wörterbuch nach.

> Die gefühlte Wahrheit
>
> ### „Postfaktisch" – Wort des Jahres 2016
>
> Im November erklärte die britischen Wörterbuchreihe Oxford Dictionaries „Post-Truth" also „postfaktisch" zum Wort des Jahres. Die Gesellschaft für Deutsche Sprache schloss sich dem in der vergangenen Woche an. Postfaktisch, das bedeutet, dass es in politischen und gesellschaftlichen Diskussionen eine Entwicklung von der Wahrheit zur „gefühlten Wahrheit" gibt.
>
> *Von Ingeborg Breuer*

**C3** Lies den kurzen Text über das Wort „postfaktisch" und dann übersetzt ihn in Gruppen ins Chinesische.

**C4** Was haltet ihr von dem Wort „postfaktisch"? Welche Texte sind postfaktisch? Findet im Chinesischen jeweils ein Beispiel für einen postfaktischen Text und einen Text, der das Gegenteil darstellt.

# 7 Das Wetter

## A    Wie ist das Wetter?

 **Was passt?**

 sonnig

 regnerisch

warm

kalt

heiß

sunny = _____          rainy = _____

warm = _____          cold = _____

hot = _____

## Hier lerne ich

*Sprachkompetenz*
über das Wetter sprechen

*Kulturbewusstheit*
beliebtes Thema für
Smalltalk

*Denkvermögen*
schönes Wetter für Chinesen
und Deutsche vergleichen

*Lernfähigkeit*
Fremdsprachen mit Gedichten
oder Liedern lernen

**A2** **Ordne zu.**

1. It's raining.
2. The sun is shining.
3. It's sunny/rainy/warm/cold/hot.
4. The rain is strong.

A. Die Sonne scheint.
B. Der Regen ist stark.
C. Es regnet.
D. Es ist sonnig/regnerisch/
   warm/kalt/heiß.

**A3** **Hör zu und kreuze an.**

Wie ist das Wetter?

| Gespräch | 1 | 2 | 3 | 4 |
|----------|---|---|---|---|
| sonnig | | | | |
| regnerisch | | | | |
| kalt | | | | |
| warm | | | | |
| heiß | | | | |

**Grammatik leicht**

Wetterwort „es"
Es regnet.
Es ist sonnig.
Es ist kalt.

**B1**   **Hör den Dialog und kreuze an, wie das Wetter ist.**

Am Samstag            Am Sonntag

**B2**   **Hör den Dialog noch einmal und korrigiere die falschen Aussagen.**

1. Leon und seine Mutter sind jetzt in Deutschland.
2. Leons Mutter macht am Wochenende eine Dienstreise nach München.
3. Leon hat im Radio gehört, wie das Wetter ist.
4. Am Wochenende ist das Wetter am Chiemsee sehr schlecht.
5. Am Wochenende ist es am Chiemsee nicht sehr warm.

**B3**   **Hör den Dialog und sprich nach.**

Leon und seine Mutter sind jetzt in München. Am Wochenende möchten sie einen Ausflug an den Chiemsee machen.

Frau Schmidt: Leon, wie ist das Wetter am Wochenende am Chiemsee? Guck mal im Internet nach.

Leon: Ok.

*(Ein paar Minuten später)*

Leon: Mutti, nach der Wettervorhersage ist es am Samstag regnerisch. Die Tiefsttemperatur kann bei nur 5ºC liegen. Aber am Sonntag scheint die Sonne wieder. Die Höchsttemperatur beträgt 18ºC.

Frau Schmidt: Ok. Dann nehmen wir einen Regenschirm und eine Jacke mit.

---

**Kultur bunt**

 Der Chiemsee, auch „bayerisches Meer" genannt, ist mit einer Fläche von 79,9 km² der größte See in Bayern und nach dem Bodensee und der Müritz der drittgrößte See in Deutschland.

---

**B4** **Frage deine Partnerin / deinen Partner über die Wettervorhersage.**

- *Wie ist das Wetter am Dienstag?*
- ▲ *Es regnet. Die Temperaturen liegen zwischen 5 und 9 Grad.*

**B5** **Wie kann man sich über das Wetter informieren? Diskutiert in Gruppen.**

Internet, Radio ...

**B6** **Was passt? Kombiniere.**

Es schneit.

Es ist wolkig / bewölkt.

Es blitzt. Es donnert.

Es ist windig.

1. Es schneit.
2. Es ist windig.
3. Es blitzt.
4. Es donnert.
5. Es ist wolkig/bewölkt.

A. der Wind
B. der Donner
C. die Wolke
D. der Blitz
E. der Schnee

| Stadt | Wetter | Temperatur |
|---|---|---|
| Schwerin | | 4 |
| Berlin | | 6 |
| Hannover | | 6 |
| Düsseldorf | | 6 |
| Stuttgart | | 1 |
| München | | -2 |

**B7** **Es ist Weihnachtszeit. Viele Deutsche verbringen ihre Abende auf dem Weihnachtsmarkt. Spielt das Wetter mit? Wie ist das Wetter in verschiedenen Städten?**

Wie ist das Wetter in Schwerin?
*In Schwerin gibt es ein Gewitter. Es donnert und blitzt. Die Temperatur beträgt 4 Grad.*

Wie ist das Wetter in Berlin?
_____

Wie ist das Wetter in Hannover?
_____

Wie ist das Wetter in Düsseldorf?
_____

Wie ist das Wetter in Stuttgart?
_____

Wie ist das Wetter in München?
_____

# C  Das Aprilwetter

**C1** Hör den Dialog und erkläre, was „typisches Aprilwetter" bedeutet.

**C2** Hör den Dialog noch einmal und antworte.

1. Wie war das Wetter gestern und wie ist es heute?
2. Was meint Maria mit dem Satz „immer nur schönes Wetter ist langweilig"?
3. Was machen Dieter und Maria jetzt?
4. Wie wird das Wetter morgen?

**C3** Hör den Dialog und sprich nach.

Dieter: Das ist ja wieder typisches Aprilwetter!

Maria: Was meinst du?

Dieter: Gestern war es kalt und ich hatte einen dicken Pulli an. Heute schwitze ich.

Maria: Mich nervt dieses Wetter nicht. Immer nur schönes Wetter ist doch langweilig.

Dieter: Stimmt. Oh, schau mal, jetzt regnet es wieder. Zum Glück sind wir hier drin und müssen nicht raus. Wollen wir mal „*Mensch Ärgere Dich Nicht*" spielen?

Maria: Ja, gerne. Übrigens, hast du den Wetterbericht gehört?

Dieter: Noch nicht. Es wird gleich 12 Uhr. Ich mache mal das Radio an.

*(Im Radio: Es ist 12 Uhr. Zuerst die Wettervorhersage: Morgen bleibt östlich der Elbe der Nebel noch ganz schön lange in der Luft. Ansonsten zeigt sich in ganz Deutschland die Sonne immer mal wieder. Die Höchstwerte liegen am Samstag bei 20 Grad ...)*

Dieter: Das klingt gut.

---

### Kultur bunt

*Mensch Ärgere Dich Nicht* ist ein Strategiespiel, in dem 2 bis 4 Spieler ihre vier Spielsteine nach einem Würfel über das Spielbrett bewegen.

### Grammatik leicht

Zeitwort „es"
Es ist 12 Uhr.
Es ist noch früh.
Es wird bald Mitternacht.

---

**C4** Lest zusammen das Frühlingsgedicht.

April, April, der weiß nicht was er will.
Mal Regen und mal Sonnenschein,
Dann schneit's auch wieder zwischendrein.
April, April, der weiß nicht was er will.

Nun seht, nun seht, wie es wieder stürmt und weht.
Und jetzt, oh weh, oh weh,

Da fällt auch dicker Schnee.
April, April, der weiß nicht was er will.

**C5** **Vier Jahreszeiten und die Kleidung. Ergänze passende Wörter.**

Im Frühling weht der _____ aus Osten.
_____ ist warm. Wir tragen _____.

Im Sommer ist es sehr _____. Wir tragen
oft _____. Wir gehen gern schwimmen.

Im Herbst ist der Himmel klar.
Man sieht nur wenige _____ am Himmel. Wir
ziehen _____ an.

Im Winter _____ es. Wir
bauen einen Schneemann. Wir haben
_____ an.

eine dünne Jacke, ein T-Shirt,
eine Daunenjacke oder einen
Mantel anziehen?

**C6** **Es ist der erste Dezember. Wie ist das Wetter in den verschiedenen chinesischen Städten?**

In ... regnet es.

In ... scheint die
Sonne. Es ist schön.

Die Temperaturen
in ... liegen bei ...

| 北京 | | -5°C – 5°C | 贵阳 | | 4°C – 10°C |
|---|---|---|---|---|---|
| 上海 | | 9°C – 14°C | 乌鲁木齐 | | -11°C – -6°C |
| 西安 | | 0°C – 7°C | 海口 | | 16°C – 23°C |

Und schneit es jetzt in deiner Stadt?

**C7** **Das Wetter und die Kleidungsstücke. Bilde Sätze nach dem Beispiel.**

*Wenn die Temperaturen bei ... liegen, ziehe ich ... an.*

die Bluse
das Kleid
der Pullover
die Jeans
der Anorak
...

| 1 | 2 | 3 | 4 | 5 | 6 |
|---|---|---|---|---|---|
| Januar | Februar | März | April | Mai | Juni |

**C8** **Sprecht in der Klasse darüber.**

Was ist gutes Wetter für euch? Was macht ihr gerne bei schönem Wetter? Was macht ihr bei schlechtem Wetter?

---

### Kultur bunt

Wie ist das Wetter heute? Diese Frage hört man in Deutschland sehr oft. Das Wetter ist nicht immer gleich. Darum ist es ein beliebtes Thema für einen Smalltalk. Schönes Wetter heißt in Deutschland viel Sonne und wenig Regen. Die Leute sitzen gerne in der Sonne, in Parks und Straßencafés oder auf dem Balkon.

---

# D Spielbühne

**D1** **Hört das Lied und singt mit.**

DAS WETTER (Rolf Zuckowski und seine Freunde)

**D2** **Spielt den Wettermoderator.**

Sammelt Informationen über das Wetter in den nächsten Tagen und berichtet in der Klasse.

---

# E So sprechen wir korrekt!

/f/ oder /v/
der Ausflug, die Wettervorhersage, der Wind, der Winter, der Frühling, das Café, viel, wenig, langweilig, bewölkt, wehen, werden

**Satzmelodie**
**Die Melodie fällt.** ↘

Leon und seine Mutter sind jetzt in München.
Guck mal im Internet nach.
Wie ist das Wetter am Wochenende am Chiemsee?
Wie schön das Wetter ist!
Wo warst du denn gestern Abend?
Ich möchte Ihnen den Text erklären.

Tipps: **Die Melodie fällt:**
- in normalen Aussagen
- in Aufforderungen/Imperativen
- in Fragen mit Fragewörtern (wenn man neutral spricht)
- in Ausrufesätzen
- wenn man verärgert ist
- wenn man sachlich neutral oder nachdrücklich spricht und sehr sicher und kompetent wirken möchte

**Über das Wetter sprechen**

– die Sonne, der Wind, der Schnee ...
– Es regnet. Es schneit. Es ist sehr heiß. ...

**Jahreszeiten**

der Frühling, der Sommer, der Herbst, der Winter

**Nach dem Wetter fragen und Wetterinformationen verstehen**

● Wie ist das Wetter bei euch?
▲ Es ist sonnig. Die Höchsttemperatur liegt bei 15°C.

**Über die Kleidung und die Aktivitäten bei gutem/schlechtem Wetter sprechen**

– Wenn die Temperaturen bei 30°C liegen, ziehe ich ein T-Shirt an.
– Bei schönem Wetter spielen wir draußen Basketball.
– Wenn der Frühling kommt, machen wir einen Ausflug ins Grüne.

**Das unpersönliche Subjekt — *es***

Wetter: Es regnet. Es ist sonnig. Es ist kalt.
Zeit: Es ist 12 Uhr. Es ist noch früh. Es wird bald Mitternacht.

**Mind-Mapping**

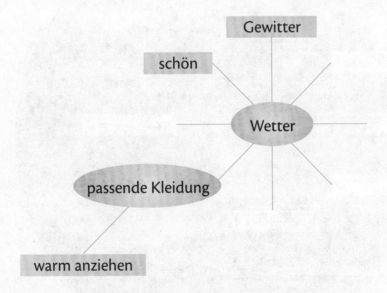

# 8 Der Ausflug

## A    Ausflugsziele

### A1    Jahreszeiten

In welcher Jahreszeit macht ihr gerne einen Ausflug?
Wie ist das Wetter in dieser Jahreszeit?

## Hier lerne ich

*Sprachkompetenz*
von einem Ausflug erzählen

*Kulturbewusstheit*
schöne Orte in der Heimat

*Denkvermögen*
Ausflugswünsche begründen

*Lernfähigkeit*
eine Postkarte schreiben

**A2** Welches Ausflugsziel möchtest du mal besuchen? Was kann man dort machen?

der Zoo

der See und der Wald

das Rapsfeld und der Bauernhof

der Freizeitpark

Wir möchten an den See fahren, denn dort können wir schwimmen.

Wir möchten in den Freizeitpark gehen, denn dort können wir mit der Achterbahn fahren.

**A3** Kennst du noch andere Ausflugsziele? Was kann man da machen?

**B1** Leon schreibt eine Postkarte an Lan. Erzähle, was Leon gemacht hat.

Liebe Lan,

schöne Grüße von der Herreninsel im Chiemsee. Meine Mutter und ich haben heute das Neue Schloss Herrenchiemsee besichtigt. Das Gebäude hat man nach dem Vorbild vom Schloss Versailles bei Paris gebaut. Es gilt heute als das beliebteste Ausflugsziel in der Gegend. Die Führung war toll. Die Deckengemälde haben mich sehr beeindruckt. Der Museumsführer hat viel über Ludwig II. erzählt. Hast du schon mal von diesem Märchenkönig gehört?

Morgen möchten wir mit dem Fahrrad um den See herumfahren. Hoffentlich scheint die Sonne. Schade, dass du nicht hier bist. Wie ist es bei euch?

Liebe Grüße,

Dein Leon

---

### Kultur bunt

Das Neue Schloss Herrenchiemsee befindet sich auf der größten Insel des Chiemsees im südlichen Bayern. Ludwig II. war ein großer Bewunderer von Ludwig XIV. von Frankreich. Deswegen ließ er das Schloss Herrenchiemsee nach dem Vorbild von Versailles erbauen.

das Neue Schloss Herrenchiemsee

das Schloss Versailles

---

**B2** Lies die Postkarte noch einmal und korrigiere die falschen Aussagen.

1. Leon hat heute mit seiner Mutter eine Rundfahrt auf der Herreninsel gemacht.
2. Das Neue Schloss Herrenchiemsee ist dem Schloss Versailles ähnlich.
3. Die meisten Deutschen machen gerne einen Ausflug auf die Herreninsel.
4. Die Führung im Museum war uninteressant, weil Lan nicht da war.
5. Man nennt Ludwig II. Märchenkönig.

> **Grammatik leicht**
>
> ich war – er war

**B3** **Leon telefoniert mit seinem Vater und sie sprechen über den Ausflug. Ergänze.**

Vater: Na, wie _____ (sein) der Ausflug zum
Chiemsee? _____ (sein) du am See?

Leon: Nein. Heute _____ (sein) das Wetter
nicht sehr schön, deshalb _____ wir das Neue Schloss Herrenchiemsee
_____ (besichtigen). Die Führung _____ (sein) toll. Man
_____ sehr viel über den Märchenkönig Ludwig II. _____ (erzählen) und ich _____ viel _____ (lernen).

**B4** **Sprich mit deiner Partnerin / deinem Partner.**

Am Montag unterhalten sich alle Schüler vor dem Unterricht darüber, was sie am
Wochenende gemacht haben.

● *Wo warst du gestern?/Wo wart ihr gestern?*

▲ *Ich war .../ Wir waren ...*

| in der Stadt | in der Bibliothek | im Museum | im Kino |
| --- | --- | --- | --- |
| bei einer guten Freundin | | beim Arzt | |

● *Was hast du ... gemacht? / Was habt ihr gemacht?*

▲ *Ich habe ... / Wir haben ...*

im Supermarkt Lebensmittel einkaufen          auf Leons E-Mail antworten
Basketball mit Freunden spielen          mein Zimmer aufräumen
Taichi lernen          mit der besten Freundin zwei Stunden telefonieren
Fotos für die Schülerzeitung sammeln
meinen Vortrag für den Deutschunterricht vorbereiten
für die Prüfung lange lernen

**B5** **Ludwig II. und das Neue Schloss Herrenchiemsee. Ergänze.**

Ludwig II. _____ (sein) schon mit 18 Jahren König von
Bayern. Er _____ Kunst, Musik und Architektur _____
(lieben). Darum _____ sich der Märchenkönig vier Märchen-
schlösser _____ (bauen): das Schloss Neuschwanstein,
das Schloss Linderhof, das Königshaus am Schachen und das
Neue Schloss Herrenchiemsee. Das teuerste Schloss _____
man aber aufgrund der Finanzierungsschwierigkeiten nicht
_____ (vollenden). Der König _____ nur wenige Tage
in seinem schönen Bau _____ (wohnen). Das Schloss ist
bis heute im Rohbau.

**C1**   **Lies den Beitrag aus Lans Sozialnetzwerk. Was für einen Kommentar möchtest du hinterlassen?**

> Gestern war ich im berühmten Wasserdorf Zhouzhuang. Das Wetter hat mitgespielt. Es war schön warm. Da waren viele Touristen. Deshalb haben wir lange auf ein Boot gewartet. Die Bootsfahrt hat sich auf jeden Fall gelohnt. Man hat im Boot eine andere Perspektive, als man auf einer Brücke das Dorf beobachtet. Heute möchte ich Zhouzhuang noch bei Nacht kennen lernen.

Leon:   Du hast schöne Fotos gemacht. Hast du eine neue Kamera gekauft?
　　　　Lan antwortet Leon: Nein, das war die Kamera von meinem Vater.
Dieter:　Hast du Souvenirs für uns gekauft?
　　　　Lan antwortet Dieter: Na klar. Lass dich überraschen.
Maria:　Wart ihr auch im Haus der Familie Shen?
　　　　Lan antwortet Maria: Ja, wir waren auch dort. Das Haus ist ja sehr groß.
Peter:　Die Bootsfahrt habe ich auch gemacht. Aber danach war mir so schwindelig,
　　　　dass ich mich kaum auf den Beinen halten konnte.
　　　　Lan antwortet Peter: Du Armer.

**C2**   **Erzähle, was Lan in Zhouzhuang gemacht hat.**

Lan hat einen Ausflug nach Zhouzhuang gemacht. Dort ...

**C3**   **Lan schreibt in Zhouzhuang ebenfalls eine Postkarte an Leon. Wie kann die Postkarte aussehen?**

中国邮政明信片
Postcard
The People's Republic of China

**C4** **Stelle Fragen zu Ausflugszielen in eurer Heimatstadt.**

Beijing (die Große Mauer)

Ist die Große Mauer ein beliebtes Ausflugsziel?
Warst du schon mal auf der Großen Mauer?
Wann hat man die Große Mauer gebaut?
…

Chengdu (das Pan-
dabären-Zentrum)

Xi´an (die Terrakotta-Ar-
mee und das Museum)

Hangzhou (der Westsee)

**C5** **Beschreibe Aktivitäten beim Ausflug.**

Wir haben beim
Ausflug Fußball
gespielt.

Ich habe eine Postkarte
an meine Brieffreundin
geschickt.

Tiere füttern, grillen, ein interessantes Museum besuchen, auf einem Bauernhof
wohnen, Geschenke für Freunde kaufen, eine Stadtrundfahrt machen …

# D Spielbühne

**Wann und wohin hast du deinen letzten Ausflug gemacht? Wie war der Ausflug? Was hat dir gut gefallen, was nicht? Berichte in der Klasse. Du kannst auch Fotos mitbringen.**

# E So sprechen wir korrekt!

ge-gr, be-br
gemacht, Gruß, Gefühl, Großvater,
besuchen, Bruder, brandneu, beginnen

**Satzmelodie**
**Die Melodie steigt.** ↗

Hast du schon mal von diesem
Märchenkönig gehört ?
Du hast eine neue Kamera?
Und wie ist es bei euch?

Tipp: **Die Melodie steigt:**
- in Entscheidungsfragen
- in (erstaunten) Nachfragen
- in höflichen Fragen mit
  Fragewörtern
- in höflichen Äußerungen

**Von einem Ausflug erzählen**

– Ich habe einen Ausflug nach ... gemacht. Das Wetter war ... . Wir haben ... besucht.

**Eine Postkarte schreiben**

Liebe(r) ...,
schöne Grüße aus ... .
...
Liebe Grüße,
(Dein) Leon

**Präteritum von *sein***

Wie war der Ausflug zum Chiemsee?

|  | sein |
|---|---|
| ich | war |
| du | warst |
| er/sie/es | war |
| wir | waren |
| ihr | wart |
| Sie/sie | waren |

**Perfekt: regelmäßige Verben**

Wir haben das Neue Schloss Herrenchiemsee besichtigt.

machen

| ich | habe | |
|---|---|---|
| du | hast | |
| er/sie/es | hat | ge-mach-t |
| wir | haben | |
| ihr | habt | |
| Sie/sie | haben | |

---

**Grammatik leicht**

*Das Präteritum und das Perfekt beschreiben eine Aktion, die sich **in der Vergangenheit** ereignet hat.*
*Das Präteritum findet man oft **in Zeitungsberichten** über das aktuelle Geschehen. Das Perfekt kommt sehr häufig **in der gesprochenen Sprache** vor.*

---

**Mind-Mapping**

# 9 Freiwillige

## A   Freiwilligendienste

## Hier lerne ich

*Sprachkompetenz*
über Freiwilligendienste
sprechen

*Kulturbewusstheit*
Freiwilliges Soziales Jahr

*Denkvermögen*
über eigene gesellschaftliche
Verantwortung nachdenken

*Lernfähigkeit*
Interviews führen

**A1** **Was bedeutet „Freiwilligendienst"? Wofür engagieren sich die Freiwilligen auf dem Bild? Diskutiert in Gruppen.**

**A2** **Wo kann ein Freiwilliger noch helfen? Sammelt Beispiele.**

**A3** **Wozu macht man Freiwilligendienste? Erzähle in der Klasse.**

um etwas Neues kennen zu lernen

um anderen Leuten zu helfen

um Erfahrungen zu sammeln

um neue Freunde zu gewinnen

**B1** **Berichte über deine Erfahrungen in der Bibliothek.**

Wie oft gehst du in die Bibliothek? Warum gehst du dorthin?
Welche Aufgaben haben die Mitarbeiter in der Bibliothek?...

**B2** **Hör den Dialog und beschreibe Lans Aufgabe in der Bibliothek.**

**B3** **Lies den Dialog und beantworte die Fragen.**

1. Was hat Lan am Wochenende gemacht?
2. Welche Funktion hat die Signatur auf dem Buchrücken?
3. Möchte Maria auch in der Bibliothek helfen? Wobei kann sie helfen?

Maria: Hallo, Lan. Wie war das Wochenende?

Lan: Am Samstag war ich den ganzen Tag in der Stadtbibliothek. Am Sonntag habe ich zu Hause die Hausaufgaben erledigt.

Maria: Hast du in der Stadtbibliothek gelernt?

Lan: Nein, ich hatte da Freiwilligenarbeit. Ich habe mit den Mitarbeitern zusammen gearbeitet und Bücher geordnet.

Maria: Wie ordnet man die Bücher in einer Bibliothek? Ist das schwer?

Lan: Es war nicht ganz leicht. Du weißt ja, dass jedes Buch eine Signatur auf dem Buchrücken hat. Du musst dir mindestens die 10 Hauptkategorien merken können. Erst dann kennst du das richtige Regal für die Bücher. Zum Beispiel bedeutet die Zahl 300 Sozialwissenschaften.

Maria: Ach, das ist ja wirklich nicht leicht. Wobei kann man als Freiwilliger noch helfen?

Lan: Ich helfe manchmal auch bei der Rückgabe der Bücher. Dafür gibt es jetzt in der Bibliothek spezielle Automaten. Manche können aber noch nicht mit den Maschinen richtig umgehen. Da bin ich eine große Hilfe für sie.

Maria: Die Arbeit finde ich interessant. Ich möchte auch mal mitkommen.

---

**Kultur bunt**

*Die Bücher in den Büchereien werden alle entweder nach der Dewey-Dezimalklassifikation oder der Library of Congress Klassifikation geordnet.*

die Dewey-Dezimalklassifikation    die Library of Congress Klassifikation

**B4** **Möchtest du Freiwilligenarbeit in der Bibliothek machen? Begründe.**

**B5** **Lan fragt ihre Mitschüler, ob sie am Wochenende auch Freiwilligenarbeit hatten. Ergänze die Präteritum-Formen von *haben*.**

Lan: _____ ihr am letzten
Wochenende Freiwilligenarbeit?
Tina und Monika: Nein, Dieter _____
Geburtstag und hat eine Party gegeben. Wir
waren auf seiner Party.
Leon: _____ ihr auf der Party viel
Spaß?
Tina und Monika: Ja, da haben wir viele
interessante Leute kennen gelernt.
Lan: Und du, Leon. _____ du am Wochenende Freiwilligenarbeit?
Leon: Nein. Die Redakteure von der Schülerzeitung _____ am letzten Samstag
eine Teamsitzung. Ich war dabei. Aber Claudia und Yuhan _____
Freiwilligenarbeit im Altenheim. Sie haben zusammen Jiaozi gemacht.

> ### *Grammatik leicht*
>
> *ich war – er war*
> *ich hatte – er _____*
> *Und wie sind die anderen*
> *Präteritum-Formen von haben?*

**B6** **Wer hat mal eine Freiwilligenarbeit gemacht? Bildet Gruppen und fragt euch gegenseitig.**

**B7** **Recherchiere.**

Was ist „FSJ"?
Wer kann mitmachen?
Was macht man dort?
…

freiwilliges
soziales
jahr

fsj.

> ### *Lernen mit Spaß*
>
> Das Internet hilft uns beim Lernen.
> Weitere Informationen findest du mithilfe des Suchbegriffs „Bundesfreiwilligendienst"

**C1**   **Thomas macht gerade sein FSJ im ehemaligen Wohnhaus von John Rabe in Nanjing.**
**Lies einen Ausschnitt aus dem Interview, das die Schülerzeitung mit ihm durchgeführt hat. Überlege dir, welche Fragen Leon hier gestellt hat?**

Leon:     _____

Thomas:   Guten Tag, gerne erzähle ich etwas darüber.

Leon:     _____

Thomas:   Ich habe den Besuchern vor allem das Leben von John Rabe vorgestellt und die Geschichte aus der Zeit um 1937 erzählt. Ich habe mich auch um die Webseite gekümmert. Da gibt es immer eine Menge Arbeit.

Leon:     _____

Thomas:   Das Leben und die guten Taten von John Rabe haben mich sehr interessiert. Und ich wollte die Stadt Nanjing in so einem fernen Land mal kennen lernen. Deshalb bin ich jetzt hier.

Leon:     _____

Thomas:   Ja, ich habe sogar schon mehrmals Schülergruppen aus Deutschland begrüßt. Sie haben mir viele interessante Fragen gestellt. Ich habe mich darüber gefreut, dass immer mehr Deutsche diesen mutigen Mann kennen lernen wollen. Die Geschichte darf man nicht vergessen. Aus der Geschichte kann man immer etwas lernen.

Leon:     Vielen Dank für das Interview. Ich wünsche dir alles Gute bei deiner weiteren Arbeit und viel Spaß!

Thomas:   Danke!

**C2**   **Unten sind vier Fragen von dem Interviewer Leon. Ordne zu und vergleiche die vier Fragen mit deiner Überlegung.**

A.   Warum arbeitest du freiwillig im Wohnhaus von John Rabe?

B.   Mich interessiert, was deine Aufgabe ist. Was hast du bis jetzt gemacht?

C.   Guten Tag, Thomas. Wir sind von der Schülerzeitung. Heute wollen wir etwas von deiner Arbeit und deiner Arbeitsstelle erfahren.

D.   Kommen auch Deutsche ins Haus zu Besuch?

**C3**   **Welche Fragen fallen dir noch ein? Überlege zusammen mit deiner Partnerin / deinem Partner.**

**C4** **Thomas´ Aufenthalt in China. Bilde Sätze nach dem Beispiel.**

Als Thomas in China war, ...

sich um die Webseite kümmern

Gäste im Wohnhaus von John Rabe begrüßen

eine Führung machen

am Montag einen freien Tag haben

Thomas' Aufenthalt in Nanjing

in Nanjing wohnen

Spezialitäten probieren

neue Freunde kennen lernen

Taichi lernen

...

**C5** **Stell John Rabe vor.**

von 1882 bis 1950 leben
von 1908 bis 1938 in China arbeiten
im Dezember 1937 mit anderen Ausländern eine Hilfsgruppe bilden und eine Sicherheit-szone für die Nanjinger errichten
etwa 630 Chinesen retten

*John Rabe hat von 1882 bis 1950 gelebt. ...*

**C6** **Freiwilligendienste international.**

Kennst du diesen Logo? Recherchiere.

# D Spielbühne

**D1** **Mach ein Interview mit einem Freiwilligen in deiner Klasse oder deiner Jahrgangsstufe. Berichte dann in der Klasse, was der Freiwillige gemacht hat.**

*Lernen mit Spaß*

Wenn der/die Interviewte Deutsch kann, nimm ein Video auf.

**D2** **Sprecht in Gruppen darüber, warum und wie man Freiwilligendienste machen soll. Macht gruppenweise ein Plakat und präsentiert die Ergebnisse in der Klasse.**

# E So sprechen wir korrekt!

ei
freiwillig, Arbeit, schreiben, weit

**Satzmelodie
Die Melodie bleibt
(fast) gleich.** $\longrightarrow$

Ich stelle das Bilderbuch, das Wörterbuch und den Roman zurück aufs Regal.
Wo ist denn der Krimi ...? Ich habe doch ...

Tipp: **Die Melodie bleibt (fast) gleich:**
• wenn man bei Kommas und zwischen Satzteilen eine kurze Pause macht
• wenn man unsicher und unentschlossen wirkt

### Über Freiwilligendienste sprechen

– Als Freiwilliger ordnet man in der Bibliothek Bücher.
– Im John Rabe Haus begrüßt Thomas als Freiwilliger Gäste und macht eine Führung.
– Als Freiwilliger kann man Kindern beim Lernen helfen.

…

### Ein Interview vorbereiten

– Ich habe einige Fragen …
– Mich interessiert, …
– Vielen Dank für das Interview.

…

### Präteritum von *haben*

Ich hatte in der Bibliothek Freiwilligendienst.

|  | haben |
|---|---|
| ich | hatte |
| du | hattest |
| er/sie/es | hatte |
| wir | hatten |
| ihr | hattet |
| Sie/sie | hatten |

### Mind-Mapping

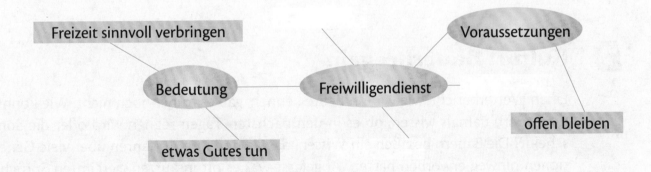

# Station 3

## A  Projekt: Freiwilligendienste in der Schule

**A1**  Welche Freiwilligendienste gibt es an eurer Schule? Welche Aufgaben gibt es? Berichtet in der Klasse.

**A2**  Eure Schule wird bald das 50. Jubiläum feiern. Die SV sucht Freiwillige für die Vorbereitung.

a. Es gibt verschiedene Aufgaben. Wofür möchtet ihr euch engagieren? Bildet Gruppen nach eurem Interesse und erledigt zusammen eure Aufgabe.

- Eine Einladung an die ehemaligen Schüler schreiben
- Ein Interview mit dem Schulleiter führen
- Ein Interview mit einem ehemaligen Schüler führen
- Die Geschichte von der Schule vorstellen
- Ein Programm für das Jubiläum schreiben
...

b. Rollen spielen: Heute feiert man das 50. Jubiläum der Schule. Spielt Rollen bei den folgenden Szenen an diesem großen Tag.

Beim Empfang
Alumni-Treffen
Führung durch die Schule
Beim Abendessen

## B  Kultur: Bauernregeln

Einen Wetterbericht, wie wir ihn heute kennen, gab es früher noch nicht. Wie konnten die Bauern damals wissen, ob es in den nächsten Tagen regnen wird oder die Sonne scheint? Die Bauern besaßen ein Wissen, das sie und ihre Vorfahren über viele Generationen hinweg erworben hatten. Abgefasst war es oft in kurzen, gereimten Sprüchen, die sich jeder leicht merken konnte.

**Eine Bauernregel kennt ihr schon:**
„April, April macht das, was er will."
**Hier noch einige Beispiele:**
„Gibt's im Januar viel Regen, bringt's den Früchten keinen Segen."
„Im Juli warmer Sonnenschein, macht alle Früchte reif und fein."
„Wenn im September die Spinnen kriechen, sie einen harten Winter riechen."

**B1**  Übersetze die oben genannten Bauernregeln ins Chinesische.

**B2**  Sammelt ein paar chinesische Bauernregeln.

**B3**  Stimmen die Bauernregeln oder sind sie nur Aberglaube? Diskutiert in der Klasse.

# C  Literatur: Wetter im Gedicht

**C1**  In der chinesischen Literatur hat man auch viele Gedichte über das Wetter und die Jahreszeiten geschrieben. Lest das Gedicht unten. Könnt ihr es ins Chinesische übersetzen?

**Fluss im Schnee** (Liu Zongyuan)
Verschneit sind tausend Berge
und keine Vöglein zu sehen.
Verweht sind viele Wege;
der Menschen Spuren verwehen.

Verblieben ist nur ein Mann,
alt, mit seinem Fischerkahn.
Von klirrender Kälte klamm,
fasst er seine Angel an.

**C2**  Auf dem Bild kann man drei Pflanzen sehen: die Kiefer, den Bambus und die Winterpflaume. Warum sind sie zusammen auf einem Bild? Kennt ihr chinesische Gedichte über diese Pflanzen?

# 10 Verkehrsmittel

## A Verkehrsmittel

**A1** **Was hast du gehört? Ordne zu in einer Reihenfolge.**

(          ) die U-Bahn

(          ) der Bus

(          ) das Fahrrad

(          ) das Auto

## Hier lerne ich

*Sprachkompetenz*
Verkehrsmittel nennen

*Kulturbewusstheit*
G-Zug und ICE

*Denkvermögen*
pro und contra argumentieren

*Lernfähigkeit*
einen Fragebogen entwickeln

---

**A2**  **Wie geht ihr zur Schule? Macht einen Fragebogen und fragt in Gruppen.**

### Lernen mit Spaß

Eine Umfrage durchführen
mit Tabellen, Karten oder
Notizen

**A3**  **Welches Verkehrsmittel magst du und warum?**

Ich mag ..., weil/denn ...

### Grammatik leicht

Ich mag das Fahrrad, **denn** ich **wohne** in der Nähe der Schule.
Ich mag das Fahrrad, **weil** ich in der Nähe der Schule **wohne**.

## B    Am Schultor

**B1**  **Hör den Dialog. Worum geht es?**

**B2**  **Hör den Dialog noch einmal und ergänze die fehlenden Wörter.**

Lan:    Hallo, Leon! Du bist ja auch zu spät, das ist aber sehr _____.

Leon:   Ja, _____ fahre ich mit dem Fahrrad zur Schule. Du weisst, ich fahre sehr gerne mit dem Fahrrad. Heute war mein Fahrrad plötzlich kaputt. Ich konnte nur mit dem Bus fahren, aber leider war der Bus im Stau. Ich habe an der Bushaltestelle für 15 Minuten gewartet. Und du? Wie gehst du heute zur Schule?

Lan:    Eigentlich bringt mich mein Vater _____ in die Schule. Aber mein Vater ist heute auf einer Dienstreise. Deshalb bin ich mit der U-Bahn gefahren. Mit der U-Bahn fahre ich aber nicht oft, denn die U-Bahn-Station ist ziemlich weit von meiner Wohnung.

        *(Es klingelt.)*

Leon:   Schnell, der Unterricht beginnt gleich. Wir müssen jetzt schnell laufen! Los, los!

**B3**  **Stelle deiner Partnerin / deinem Partner Fragen zum Text.**

●  *Wo sind Chen Lan und Leon jetzt?*
▲  *Sie sind am Schultor.*

**B4**  **Sprich und Ergänze.**

a.  **Wie oft nimmt Leon welches Verkehrsmittel? Sprich mit deiner Partnerin / deinem Partner darüber.**

| | Montag | Dienstag | Mittwoch | Donnerstag | Freitag | Samstag | Sonntag | |
|---|---|---|---|---|---|---|---|---|
| | | | | | | | | nie |
| | X | | | | | | | selten |
| | | | x | x | | | | manchmal |
| | | x | x | | x | x | | häufig |
| | x | x | x | x | x | x | x | immer |

**b. Wie ist es bei dir? Ergänze!**

1. Ich gehe jeden Tag nach dem Abendessen spazieren.
   – Ich gehe _____ nach dem Abendessen spazieren.
2. Ich muss werktags mit dem Bus zur Schule fahren.
   – Ich muss _____ mit dem Bus zur Schule fahren.
3. Ich fahre am Dienstag und Donnerstag nach der Schule mit der U-Bahn zum Tennistraining.
   – Ich fahre _____ mit der U-Bahn zum Tennistraining.
4. Ich darf einmal in der Woche im Internet surfen.
   – Ich surfe _____ im Internet.
5. In den Winterferien besuche ich meine Großeltern.
   – Ich besuche _____ meine Großeltern.
6. Ich bin noch nicht mit dem Flugzeug nach Deutschland geflogen.
   – Ich bin _____ mit dem Flugzeug nach Deutschland geflogen.

**B5** **Leon und Lan kommen zu spät zum Unterricht. Wie geht die Geschichte weiter? Macht ein Rollenspiel.**

**B6** **Wie heißen die Verkehrsmittel? Ergänze die folgenden Wörter.**

der Zug

das Flugzeug

die Straßenbahn

das Schiff

der Lastkraftwagen

das Motorrad

_____  _____  _____

_____  _____  _____

**B7** **Warum kommst du zu spät?**

Lan kommt zu spät zur Schule, **weil** sie lange auf den Bus **gewartet hat**.
Lan kommt zu spät zur Schule, **denn** sie **hat** lange auf den Bus **gewartet**.

Leon kommt zu spät zur Schule, **weil** …
Leon kommt zu spät zur Schule, **denn** …

Ich komme zu spät zur Schule, **weil** …
Ich komme zu spät zur Schule, **denn** …

**B8** **Stimmt das? Schaut das folgende Bild an und diskutiert in Gruppen.**

Deutschland 1970    China 1970    Deutschland 2022    China 2022

**C1**  ## Hör den Dialog. Worum geht es?

**Leons Familie und Lans Familie wollen eine Reise nach Beijing machen und diskutieren darüber.**

Leon: Wie gehen wir nach Beijing? Was meint ihr dazu? Fliegen wir mit dem Flugzeug?

Lan: Das ist eine gute Idee! Das ist am schnellsten, nicht so viel Zeit.

Lans Mutter: Aber, ... ist es nicht zu teuer? Das kostet mehr als 1000 Yuan pro Kopf.

Leons Mutter: Und das Flugzeug ist oft unpünktlich. Ich habe früher mehrmals Verspätungen erlebt.

Lans Vater: Vielleicht können wir mit dem Hochgeschwindigkeitszug fahren, kurz gesagt G-Zug. Der G-Zug von China ist der schnellste Zug in der Welt. Er ist sogar viel schneller als der ICE.

Leon: Ich habe den G-Zug nur gehört, aber ihn noch nie genommen. Ich möchte mal erleben, wie schnell er ist.

Lans Vater: Ja, der G-Zug ist wirklich eine gute Möglichkeit.

Lans Mutter: ...

**C2**  ## Hör den Dialog noch einmal und beantworte die Fragen.

1. Wohin wollen die beiden Familien reisen?
2. Warum will Leons Mutter nicht mit dem Flugzeug nach Beijing fliegen?
3. Ist der ICE der schnellste Hochgeschwindigkeitszug der Welt?
4. Wer ist noch nie mit dem G-Zug gefahren?

> **Kultur bunt**
>
> *Der Intercity-Express (ICE) ist die schnellste Zuggattung der Deutschen Bahn AG. In Österreich und der Schweiz lautet die ehemals auch in Deutschland verwendete Schreibweise InterCity Express.*

**C3**  **Leons Vater und sein Kollege machen später eine Dienstreise nach Beijing. Sie schreiben eine E-Mail an die Sekretärin von dem Chef und fragen, wie sie am besten fahren sollen. Ergänze die E-Mail.**

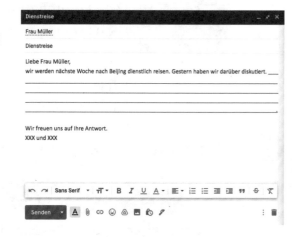

**a. Sammle mit deiner Partnerin / deinem Partner Stichwörter über die Vorteile und Nachteile von Bus, Zug und Flugzeug.**

|  | Vorteile | Nachteile |
|---|---|---|
| Zug |  |  |
| Bus |  |  |
| Flugzeug |  |  |

**b. Li Ming, Yang Fang und Wang Lan sind gute Freunde. Sie studieren in Frankfurt. Bald kommen die Weihnachtsferien. Sie wollen eine Reise nach Paris machen. Aber sie wissen nicht, mit welchem Verkehrsmittel sie nach Paris fahren sollen. Sie diskutieren darüber. Recherchiert dazu Informationen und macht Dialoge in Gruppen.**

**C5 Mit welchem Verkehrsmittel fahrt ihr gern? Fragt und antwortet in Gruppen.**

● Fährst du mit dem Auto?

▲ Nein, ich fahre gern mit dem Fahrrad, denn ...

|  |  | dem | Taxi? |
|---|---|---|---|
|  |  |  | Fahrrad? |
|  |  |  | Auto? |
| Fährst du gern | mit |  | Bus? |
|  |  |  | Zug? |
|  |  | der | S-Bahn? |
|  |  |  | U-Bahn? |

**C6 Diskutiert über verschiedene Verkehrsmittel zum Reisen.**

Was ist teurer: Flugzeug oder Zug? – Das Flugzeug ist teurer, aber es ist schneller.

● Welche Reise dauert länger:
Bus oder Zug?

▲ Die Reise mit ..., aber sie ist ...

● Welches Verkehrsmittel findest du besser:
Auto oder U-Bahn?

▲ Die Reise mit ..., aber ...

● Was ist umweltfreundlicher:
Fahrrad oder Motorrad?

▲ Die Reise mit ..., weil ...

● Welche Reise ist bequemer:
U-Bahn oder Taxi?

▲ Die Reise mit ..., weil ...

> ### Grammatik leicht
>
> *teuer – teurer – am teuersten*
> *lang – länger – am längsten*
> *gut – besser – am besten*
> *umweltfreundlich – umweltfreundlicher –*
>   *am umweltfreundlichsten*
> *bequem – bequemer – am bequemsten*

# D  Spielbühne

**Leons Deutschlehrer Herr Meyer will in den Winterferien eine Reise nach Beijing machen. Aber er weiß nicht, welches Verkehrsmittel er nehmen und wo er übernachten soll. Alle Schüler sind sehr hilfsbereit und wollen ihm etwas empfehlen. Führt ein kleines Gespräch in der Klasse.**

# E  So sprechen wir korrekt!

**E1  Lies die Wörter und achte auf die Silbentrennung.**

selten / häufig / Flugzeug / Straßenbahn / Lastkraftwagen / Motorrad / Hochgeschwindigkeitszug / Zuggattung / Verkehrsmittel / Verkehrsstau

**E2  Lies die Sätze und achte auf die Satzmelodien.**

Dauert die Reise mit dem Bus länger?
Fährst du gerne mit dem Auto oder gehst du gerne zu Fuß?
Ist der ICE der schnellste Hochgeschwindigkeitszug der Welt?
Ist es nicht zu teuer?

Tipp:
Bei Alternativfragen steigt die Melodie zuerst und dann fällt sie.

## Sagen, wie wir zur Schule kommen

– Ich fahre mit dem Fahrrad / mit dem Bus / mit der U-Bahn ... / Ich gehe zu Fuß.
...

## Sagen, wie oft man womit fährt

– Ich fahre immer mit dem Fahrrad zur Schule.
– Ich nehme meistens die Buslinie 2 zur Schule.
– Ich gehe oft zu Fuß zur Schule.
– Ich fahre manchmal mit der U-Bahn zur Schule.
– Ich fahre selten mit der S-Bahn zur Schule.
– Ich nehme nie ein Taxi zur Schule.

## Gründe nennen

... weil
... denn
...

## Eigene Meinung äußern

– Mit dem Flugzeug ist es aber teuer.
– Mit dem Schnellzug kann man sehr schnell fahren.
– Das Flugzeug ist manchmal unpünktlich.
– Der Flug ist teurer, aber er ist schneller.
– Ich fahre mit dem Fahrrad, weil ich in der Nähe von der Schule wohne.

...

## Eine Reise mit Verkehrsmitteln planen

...

## Fragebogen machen

### Grammatik

**denn/weil**

| Ich wohne in der Nähe von der Schule. **(Grund)** | Ich fahre mit dem Fahrrad. **(Folge)** |
|---|---|
| Ich fahre mit dem Fahrrad, | **denn** ich **wohne** in der Nähe von der Schule. |
| Ich fahre mit dem Fahrrad, | **weil** ich in der Nähe von der Schule **wohne**. |

**Komparativ/Superlativ**

| Positiv | Komparativ | Superlativ |
|---|---|---|
| bequem | bequemer | am bequemsten |
| lang | länger | am längsten |
| gut | besser | am besten |

## Mind-Mapping

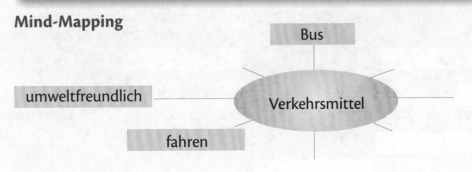

# 11 Klassenfahrt

## A Dinge für unterwegs

**A1** **Was siehst du auf dem Foto?**

| | | | |
|---|---|---|---|
| der Koffer | die Schuhe | die Armbanduhr | die Brille |
| das Notebook | das Flugticket | der Passport | das Smartphone |
| die Kamera | der Kopfhörer | | |
| ... | | | |

# Hier lerne ich

*Sprachkompetenz*
über eine Reise sprechen und schreiben

*Kulturbewusstheit*
Jugendherberge-Kultur

*Denkvermögen*
ein Interview strukturieren

*Lernfähigkeit*
Daten aus einer Umfrage auswerten

**A2** **Was braucht man noch für unterwegs?**

**A3** **Was nimmst du auf einer Reise mit?**

immer – manchmal – oft – selten – nie

Ich nehme immer ein Buch mit.
Ich nehme manchmal ...

> **Reden ist Gold**
>
> Wer gut schmiert,
> der gut fährt.

**B1** **Hör den Dialog. Worum geht es?**

**B2** **Hör den Dialog noch einmal und sprich nach.**

Leon: Hi, Peter, lange nicht gesehen. Wie waren deine Sommerferien?

Peter: Hi, Leon, lange nicht gesehen. Meine Sommerferien sind fantastisch! Meine Mitschüler und ich haben zusammen eine ausgezeichnete Klassenfahrt gemacht.

Leon: Cool! Wo wart ihr?

Peter: Wir sind nach Qingdao geflogen und in Qingdao für zehn Tage geblieben.

Leon: Was gibt´s da?

Peter: Wir sind in den Ozeanpark gegangen. Dort haben wir Seehunde, Delphine und Pinguine gesehen. Die haben uns sehr gut gefallen.

Leon: Wow! Habt ihr auch im Meer geschwommen? Ich weiß, dass man dort oft im Sommer im Meer schwimmt.

Peter: Eigentlich ja, aber dort waren zu viele Leute.

Leon: Habt ihr da Seefische probiert? Zum Beispiel Krabbe oder Krebse.

Peter: Ja, die haben uns sehr gut geschmeckt.

Leon: ...

**B3** **Lies den Dialog, stelle Fragen nach dem Text und frage deine Partnerin / deinen Partner.**

Wann und wo haben sie eine Klassenfahrt gemacht?
Welche Verkehrsmittel haben sie benutzt?
Was haben sie gemacht?

**B4** **Mache ein Interview mit deiner Partnerin / deinem Partner über eine Reise und berichte darüber.**

| Personen | Wo? | Wann? | Was hat die Person gemacht? |
|----------|-----|-------|------------------------------|
|          |     |       |                              |
|          |     |       |                              |

**a. Welche Jahreszeit und welcher Ort passt zu welchem Bild? Ordne zu.**

| der Frühling | der Sommer | der Herbst | der Winter |
| auf einer Insel | im Stadtzentrum | auf dem Grasland | im Wald |

_____   _____   _____   _____

_____   _____   _____   _____

**b. Was könnt ihr mit der Klasse in welcher Jahreszeit auf einer Klassenfahrt machen?**

draußen schwimmen – im Meer baden – einen Frühlingsausflug machen –
Bäume pflanzen – Bergsteigen – fotografieren – Skilaufen – Eis essen

**B6** **Welche in B5b genannten Tätigkeiten hast du bisher gemacht? Was hast du sonst noch gemacht? Ergänze den Kreis und stell ihn in der Klasse vor.**

schwimmen ...

**B7** **Was hat deine Klasse gemacht?**

Unsere Klasse hat im letzten Herbst in den Bergen gezeltet.
Unsere Klasse ist im letzten Sommer in den Bergen gewandert.

Perfekt
Regel: ... + _____ + ... + _____ .

---

### Grammatik leicht

zelten - hat gezeltet
wandern - ist gewandert
fotografieren - hat fotografiert
essen - hat gegessen

# C  Vor der Klassenfahrt

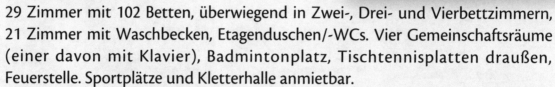

## Eine Klassenfahrt planen

**Jugendherberge Aalen**
**Ausstattung**
29 Zimmer mit 102 Betten, überwiegend in Zwei-, Drei- und Vierbettzimmern,
21 Zimmer mit Waschbecken, Etagenduschen/-WCs. Vier Gemeinschaftsräume
(einer davon mit Klavier), Badmintonplatz, Tischtennisplatten draußen,
Feuerstelle. Sportplätze und Kletterhalle anmietbar.
Frühstücksbüfett: verschiedene Sorten Brot und Brötchen, Butter, Margarine,
zwei bis drei Sorten süßer Aufstrich, Kaffee, Tee, Kakao, Milch, Müsli, Cornflakes,
je zwei Sorten Wurst und Käse, einige frische Beilagen, Joghurt und/oder Quark.
**Klassenfahrt:** Stellen Sie sich gemeinsam mit Ihrer Klasse Herausforderungen.
Ob bei einer GPS-City-Tour in Aalen oder im Kletterwald Skypark – nur im
Team kommt man ans Ziel.
**Freizeittipps:** Freibad, Hallenbad, Kletterhalle (Nutzung nach Vereinbarung),
Sportmöglichkeiten (Nutzung der Sporthallen nach Absprache mit den
umliegenden Sportvereinen)

**C1** **Lies die Webseite von der Jugendherberge und sammle die Informationen.**

| Ausstattung | Essen und Trinken | Klassenfahrt | Freizeittipps |
|---|---|---|---|
|  |  |  |  |

**C2** **Wo machst du gern eine Klassenfahrt? Schreibe Sätze mit *weil*.**

Ich fahre gern in die Berge, weil ...
... nicht gern ans Meer, weil ...
... in eine Stadt, ...

Ich schwimme gern.

Ich finde Strandurlaub langweilig.

Es ist oberhalb von 1000 Metern sehr kalt.

Es ist zu laut.

Ich möchte mit meinen Mitschülern wandern.

Man gibt jeden Tag viel Geld aus.

Ich kann nicht schwimmen.

Ich mag lange Strandspaziergänge.

Ich liebe die Natur.

Es gibt dort viele Sehenswürdigkeiten.

**C3** Ihre Klasse möchte eine Klassenfahrt machen. Sie sollte zuerst eine Vorbereitung machen. Was soll man vor der Klassenfahrt machen? Ergänze.

| kopieren | buchen | kaufen | beantragen | einpacken | wechseln |
|----------|--------|--------|------------|-----------|----------|

Vor einer Klassenfahrt soll man Reisepass _____, Flug _____, Jugendherberge _____, Visum _____, Geld _____ und Kleidung _____.

**C4** Deine Klasse möchte in den nächsten Sommerferien eine Klassenfahrt machen. Diskutiert in Gruppen und macht ein Programm.

- Wann möchtet ihr gehen und warum?
- Wohin möchtet ihr fahren und warum?
- Wie lange soll die Klassenfahrt dauern? Und wo wollt ihr übernachten?
- Was sollt ihr vor der Klassenfahrt machen?
- Was kann man während der Klassenfahrt unternehmen?

...

**C5** Du bist auch gern in der Klassenfahrt. Was machst du auf Reisen? Finde zwölf Kombinationen.

| | | | |
|---|---|---|---|
| eine Pause | | 1. | 7. |
| eine Radtour | | 2. | 8. |
| ein Picknick | besichtigen | | |
| ein Schloss | kaufen | 3. | 9. |
| einen Reiseführer | machen | 4. | 10. |
| Fotos | planen | 5. | 11. |
| Ferien | | 6. | 12. |
| eine Stadt | | | |

**C6** Du bist auch in der Klassenfahrt. Was hast du auf der Klassenfahrt gemacht? Ergänze und sprich darüber.

*den Kölner Dom besichtigen*

1. besichtigen
2. besuchen
3. übernachten
4. steigen
5. reisen
6. fahren
7. baden
8. telefonieren

# D Spielbühne

**Ein Interview machen. Frage in der Klasse nach der Klassenfahrt, werte die Daten aus und berichte darüber. Wo wart ihr und wann? Wie war es? Und was habt ihr gemacht?**

| Partner I | Wo? | Wann? | Wie? | Was habt ihr gemacht? |
|---|---|---|---|---|
| Partner II | | | | |
| Partner III | | | | |
| Partner IV | | | | |

Die meisten Mitschüler haben ...
Viele Mitschüler sind schon ...
Nur wenige Mitschüler haben ...
Niemand hat ...

**Was ist während der Klassenfahrt passiert? Erzähle eine kleine Geschichte von der Klassenfahrt.**

# E So sprechen wir korrekt!

**E1** **Lies die Wörter und achte auf die Silbentrennung.**

Radtour / Klassenfahrt / Jugendherberge / Strandspaziergang / Strandurlaub / Frühlingsausflug / Pinguine / Seehunde / Delphine

**E2** **Hör, kreuze an und sprich nach.**

| | neutral | ironisch | zweifelnd |
|---|---|---|---|
| Hans hilft Sabine nicht. | | | |
| Hans hilft Sabine nicht. | | | |
| Hans hilft Sabine nicht. | | | |
| Du hast eine neue Wohnung. | | | |
| Du hast eine neue Wohnung. | | | |
| Du hast eine neue Wohnung. | | | |
| So ein Glück, dich zu haben. | | | |
| So ein Glück, dich zu haben. | | | |
| So ein Glück, dich zu haben. | | | |
| Du hast es gut geschafft. | | | |
| Du hast es gut geschafft. | | | |
| Du hast es gut geschafft. | | | |

Tipp: Wie ein Satz tatsächlich gemeint ist, erkennt man auch an der Melodie.

**Sagen, wie die Klassenfahrt war.**

– Es war fantastisch/cool …

**Sagen, wann und wo die Klasse eine Klassenfahrt gemacht hat.**

– Wir haben in den Sommerferien / Winterferien / im Herbst … eine Klassenfahrt auf einer Insel / in einer Stadt / am Meer gemacht.

**Sagen, was man auf einer Klassenfahrt gemacht hat.**

– Wir haben am Meer gezeltet / einen Stadtbummel gemacht / im See gebadet …

**Sagen, was man vor einer Klassenfahrt erledigen soll.**

– Man soll einen Flug buchen / ein Hotel buchen / ein Visum beantragen / den Reisepass kopieren …

**Hotelinformationen verstehen**

**Eine Klassenfahrt planen**

### Grammatik

| Infinitiv | Perfekt | |
| --- | --- | --- |
| fotografieren | fotografiert | haben |
| besuchen | besucht | haben |
| essen | gegessen | haben |
| wandern | gewandert | sein |
| gehen | gegangen | sein |

**Mind-Mapping**

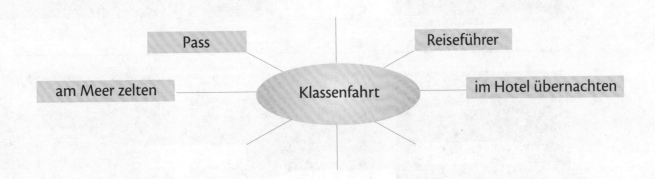

Pass    Reiseführer    am Meer zelten    Klassenfahrt    im Hotel übernachten

## A Umweltverschmutzung

**A1** **Welches Wort passt zu welchem Bild?**

| | | |
|---|---|---|
| Luftverschmutzung | Wasserverschmutzung | Bodenaustrocknung |
| umweltbewusst fahren | organische Düngemittel | Abwasserreinigung |

## Hier lerne ich

*Sprachkompetenz*
sich über Umweltprobleme ausdrücken

*Kulturbewusstheit*
Umweltbewusstsein

*Denkvermögen*
Umweltverschmutzung begründen

*Lernfähigkeit*
durch Komposita lernen

**A2** **Kennt ihr noch andere Formen von Umweltverschmutzung? Recherchiert online und erklärt, was ihr gefunden habt.**

**A3** **Was weißt du über $CO_2$ Emissionen privater Haushalte? Beschreibe das folgende Diagramm von 2020.**

**Wohnen:** wie Heizen mit Erdgas und Heizöl
**Ernährung:** wie Essen und Getränke
**Dienstleistung:** wie Reisen

**A4** **Wörter für Umweltverschmutzung. Finde elf Kombinationen.**

| | | |
|---|---|---|
| Umwelt- | -loch | 1. |
| Wasser- | -versiegelung | 2. |
| Erd- | -gas | 3. |
| Abwasser- | -verschmutzung | 4. |
| Flächen- | -fahren | 5. |
| Ozon- | -stoff | 6. |
| Treibhaus- | -gase | 7. |
| Erd- | -öl | 8. |
| Erd- | | 9. |
| Chemie- | | 10. |
| mit- | | 11. |

# B    Umweltbewusst fahren ist eben in.

**B1** Hör den Dialog. Richtig (r) oder falsch (f)? Markiere.

1. Leon hat in den Sommerferien auch eine Klassenfahrt gemacht.
2. Das Wetter in der Stadt Frankfurt war schön.
3. Die Luft bei Chen Lan in ihrer Stadt war nicht sauber.
4. Die Luftverschmutzung in Qingdao war auch sehr schlimm.
5. Viele Autos und Fabriken stoßen Abgase aus.
6. Gegen die Luftverschmutzung kann man Fahrgemeinschaften bilden.

**B2** Lies und ergänze den Dialog.

Leon:       Hi, Lan. Ich habe in den Sommerferien auch eine Reise gemacht, in die Stadt Frankfurt.

Chen Lan:   Echt? Wie _____ _____ _____?

Leon:       Nicht so schön. Die _____ war sehr schlimm. Der Smog hat in der ganzen Stadt _____. Ich konnte fast nicht richtig atmen und musste immer wieder einen _____ _____.

Chen Lan:   Oh, Katastrophe. Bei mir war die Luft überall sehr _____. Vielleicht war die Luft bei dir so schlecht, weil es in Frankfurt zu viele Autos gibt.

Leon:       Stimmt. Die Autos haben jeden Tag viele _____ ausgestoßen und die Schornsteine der Fabriken haben schließlich immer _____.

Chen Lan:   Ich glaube, wir müssen weniger Auto fahren und mehr mit dem Bus oder Fahrrad fahren. Umweltbewusst fahren ist eben in.

Leon:       Ja, das ist eine gute Idee. Außerdem können wir noch ...

**B3** Stelle Fragen zum Text und frage deine Partnerin / deinen Partner.

Wie ist die Luft in der Stadt Frankfurt?
Ist die Situation bei Chen Lan auch so wie in der Stadt Frankfurt?
Was können wir gegen Umweltverschmutzung machen?

**B4** Führt den Dialog bis zum Ende.

**Welches Bild passt zu welchem Wort?**

| | | |
|---|---|---|
| saurer Regen | die globale Erwärmung | die Flächenversiegelung |
| das Ozonloch | das Treibhausgas | |

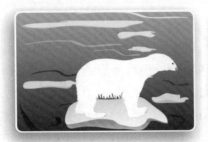

**B6**

**Was sind die Ursachen der Umweltverschmutzung? Sprich über die Themen unten.**

| | |
|---|---|
| saurer Regen | Kohle, Erdöl und Erdgas verbrennen |
| die globale Erwärmung | Bäume fällen |
| die Flächenversiegelung | zu viele Gebäude bauen |
| das Ozonloch | Chemiestoffe verwenden |

*Es gibt die globale Erwärmung, weil man zu viele Bäume fällt und zu viel CO$_2$ erzeugt.*

**B7**

**Diskutiert darüber, was man dagegen tun kann, und ergänzt die Tabelle.**

| | |
|---|---|
| saurer Regen | |
| die globale Erwärmung | |
| die Flächenversiegelung | |
| das Ozonloch | |

**C1** Hör den Text. Worum geht es?

**C2** Hör den Text noch einmal und sprich nach.

> ### Elektroautos – das Auto der Zukunft
> Das Elektroauto ist im Laufe der letzten Jahre immer populärer. Ein Elektroauto betreibt man mit Hilfe von elektrischer Energie. Die elektrische Energie nutzt man zu gut 90%, aber man nutzt bei einem Benzinauto den Treibstoff höchstens zu 35%. Mindestens 65% tragen zur Umweltverschmutzung bei. Ein Nachteil des Elektroautos ist jedoch, dass es mit einer Batterieladung kaum weiter als 200 km fahren kann. Ein Benzinauto kann dafür wesentlich weiter fahren und ein perfektes Tankstellennetz ist ein weiterer Vorteil. Aber es ist sehr wahrscheinlich, dass das Elektroauto das umweltfreundlichste Auto ist. Mitte 2014 hat die chinesische Regierung beschlossen, von September 2014 bis 2017 beim Kauf eines Elektroautos die Mehrwertsteuer zu erlassen und eine Kaufprämie von bis zu 10.000 Dollar zu gewähren. In den großen chinesischen Städten gibt es für Autos eine Zulassungsbeschränkung. So durften in Peking 2016 nur 150.000 Autos zugelassen werden. Davon waren 60.000 Zulassungen für Elektroautos reserviert. Deshalb kann man sagen, dass Elektroautos im Trend sind.

**C3** Sammle die Informationen.

| | Vorteile | Nachteile |
|---|---|---|
| Elektroauto | | |
| Benziner | | |

**C4** Willst du in der Zukunft die Umwelt schützen? Warum?

**C5** Deine Klasse möchte in den nächsten Sommerferien eine umweltfreundliche Klassenfahrt machen. Diskutiert in Gruppen und macht ein Programm.

- Wann und wohin möchtet ihr reisen und warum?
- Wie lange soll die Reise dauern?
- Wo könnt ihr übernachten?
- Was sollt ihr vor der Klassenfahrt machen?
- Was könnt ihr auf der Klassenfahrt unternehmen?
- Was kann man tun, um die Umwelt zu schützen?

## C6 Was hat man früher falsch gemacht?

zu viele Bäume fällen

*Man hat früher zu viele Bäume gefällt.*

Kohle verbrennen

zu viele Gebäude bauen

Chemiestoffe verwenden

Abgase ausstoßen

## C7 Ein Interview machen. Fragt in der Klasse und berichtet gemeinsam darüber.

| | Partner I | Partner II | Partner III |
|---|---|---|---|
| Welche Verschmutzungen kennst du? | | | |
| Weißt du, warum es diese Verschmutzungen gibt? | | | |
| Was kann man dagegen tun? | | | |

### Grammatik leicht

*das Tier + der Arzt = der Tierarzt*
*das Leben + das Zeichen = das Lebenszeichen*
*das Kind + das Buch = das Kinderbuch*
*die Erde + das Gas = das Erdgas*
*schwarz + der Wald = der Schwarzwald*

# D  Spielbühne

Die Regierung möchte die wichtigsten Umweltprobleme lösen. Daher bietet sie ihren Bürgern eine Hotline an, um Tipps oder Beschwerden zu erhalten. Du hast Probleme mit Umweltverschmutzung und willst dich beschweren und Tipps geben. Sammle mit deiner Partnerin / deinem Partner Probleme und Tipps, und mache einen Anruf.

# E  So sprechen wir korrekt!

**E1**  **Lies die Wörter und achte auf die Silbentrennung.**

Luftverschmutzung / Wasserverschmutzung / Bodenzerstörung / Bodenaustrocknung / Düngemittel / Abwasserreinigung / Fahrgemeinschaft / Schornstein / Umweltver-schmutzung / Flächenversiegelung / Ozonloch / Treibhausgase / Chemiestoffe / Antriebsleistung

**E2**  **Hör und sprich nach. Achte auf die Satzmelodien.**

| | |
|---|---|
| 1. Du weißt. | 1. Sie bleibt heute hier. |
| 2. Du weißt? | 2. Sie bleibt heute hier? |
| 3. Du weißt, ... | 3. Sie bleibt heute hier, denn ... |
| 1. Er fragt mich. | 1. Sie müssen jetzt losgehen. |
| 2. Er fragt mich? | 2. Sie müssen jetzt losgehen? |
| 3. Er fragt mich, ... | 3. Sie müssen jetzt losgehen, sonst ... |

Achtung: Der Ton macht die Musik.

**Sagen, wie die Umwelt ist.**

Luftverschmutzung, Wasserverschmutzung ...

**Sagen, warum es Umweltverschmutzung gibt.**

– Es gibt globale Erwärmung, weil man zu viele Bäume fällt und zu viel $CO_2$ ausstößt.

**Sagen, was man gegen die Umweltverschmutzung tun kann.**

Fahrrad fahren ...

**Informationen über Elektroautos verstehen**

von elektrischer Energie betrieben / schwache Antriebsleistung / teuer / das umweltfreundlichste Auto

**Eine umweltfreundliche Klassenfahrt planen**

– Wann und wohin kann man fahren?
– Wie lange kann man eine Klassenfahrt machen?
– Wie muss man sich auf eine Klassenfahrt vorbereiten?
– Was kann man auf einer Klassenfahrt unternehmen?

## Grammatik

| | | |
|---|---|---|
| das Tier | **der** Arzt | **der** Tierarzt |
| das Leben | **das** Zeichen | **das** Lebenszeichen |
| das Kind | **das** Buch | **das** Kinderbuch |
| die Erde | **das** Gas | **das** Erdgas |
| schwarz | **der** Wald | **der** Schwarzwald |
| putzen | **die** Frau | **die** Putzfrau |

**Mind-Mapping**

## A   Projekt: Plakate zur umweltbewussten Reise machen

Umweltbewusste Reise ist heutzutage ein wichtiges Thema. Deshalb möchtet ihr auf dieses Thema in eurer Schule aufmerksam machen. Ein Plakat erregt viel Aufmerksamkeit. Daher entwerft ihr jetzt in Gruppen Plakate zum Thema *umweltbewusste Reise*.

**A1**   Welches von diesen Themen wollt ihr wählen? Habt ihr noch andere Ideen?

umweltfreundliche Dinge für unterwegs

umweltbewusst fahren

umweltfreundliche Aktivitäten auf Reisen

**A2**   Wie könnt ihr ein Plakat machen? Welche Arbeitsschritte sind dafür nötig? Diskutiert darüber, in welcher Reihenfolge ihr vorgehen wollt und ordnet den Arbeitsschritten (links) die einzelnen Aufgaben (rechts) zu. Ergänze noch mehr Aufgaben für jeden Arbeitsschritt.

| | |
|---|---|
| 1. entwerfen | A. eine Umfrage/ein Interview machen |
| 2. Thema bestimmen | B. ausdrucken |
| 3. Layout entwickeln | C. Texte schreiben |
| 4. korrigieren | D. zeichnen |

**A3**   Entwickelt in Gruppen Plakate zum Thema Umweltschutz und hängt sie im Klassenzimmer auf. Bringt noch Videos oder Audios vom Interview oder von der Umfrage mit und präsentiert sie im Unterricht.

# B  Kultur: Die Mülltrennung

Wisst ihr, wie man in Deutschland Müll trennt und in welchen Mülleimer man den Müll wirft, um die Umwelt zu schützen? Werft in Gruppen die folgenden Abfälle in einen richtigen Mülleimer.

| Dose | Hefte | Verpackungspapier | Plastiktüte | Blumen |
| Haare | Gemüsereste | Milchproduktebecher | Filtertüten | Speisereste |
| Metallverpackungen | | Einweggeschirr | Papiertücher | kaputtes Glas |

| Verpackungen | Bioabfall | Altpapier | Restmüll | Altglas |
| --- | --- | --- | --- | --- |
| | | | | |

# C  Geschichte: die Entwicklung der Verkehrsmittel

**C1**  Welche Verkehrsmittel kennt ihr? Entwerft mit Hilfe des Wörterbuchs ein Assozioprogramm im Klassenzimmer.

**C2**  Was genau interessiert euch an Verkehrsmitteln? Bildet Gruppen und wählt ein für euch interessantes Thema. Diskutiert das Thema in Gruppen.

Die folgenden Themen können helfen:
Die Entwicklung der Verkehrsmittel in China
Die Entwicklung der Verkehrsmittel in Deutschland
Die Entwicklung eines bestimmten Verkehrsmittels
...

**C3**  Wie könnt ihr eine sinnvolle Präsentation machen? Bringt die folgenden Tätigkeiten in die richtige Reihenfolge und diskutiert, wie ihr zusammenarbeiten könnt.

- entwerfen
- ein Thema wählen
- anordnen
- präsentieren

- Materialien sammeln
- Materialien systematisch ordnen
- korrigieren
- PPT schreiben

**C4**  Macht Präsentationen über Entwicklung der unterschiedlichen Verkehrsmittel in der Klasse.

# Vokabelliste

## Modul I Wohnen

### L1   Mein Zimmer

#### Seite 6

#### A   Möbel

| | | |
|---|---|---|
| das | Möbel, - | 家具 |
| das | Bett, -en | 床 |
| der | Schrank, ⸚e | 橱柜 |
| das | Sofa, -s | 沙发 |
| die | Kommode, -n | 五斗橱 |
| der | Schreibtisch, -e | 写字台 |
| | nachschlagen | 查阅 |
| | abgebildet | 拍照下来的 |

#### Seite 7

| | | |
|---|---|---|
| | beschreiben | 描述 |
| die | Wohnungseinrichtung, -en | 家居设施 |
| | äußern | 表达 |
| das | Zeichnen, nur Sg. | 图画 |
| | neben | 在……旁 |
| | hinter | 在……后 |
| | zwischen | 在……之间 |
| | über | 在……上方 |
| | verschieden | 不同的 |
| | passend | 合适的 |

#### Seite 8

#### B   Wo ist es?

| | | |
|---|---|---|
| | werden | 成为 |
| | eigen | 自己的 |
| das | Traumzimmer, - | 梦想房间 |
| | sonnig | 有阳光的 |
| das | Fenster, - | 窗户 |
| die | Mitte, -n | 中间 |
| | in der Mitte | 在中间 |
| die | Schreiblampe, -n | 台灯 |
| das | Lehrbuch, ⸚er | 教科书 |
| die | Schreibware, -n | 文具 |
| das | Schätzchen, - | 小宝贝 |
| die | Puppe, -n | 布娃娃 |
| das | Tagebuch, ⸚er | 日记 |
| die | Hauptsache, -n | 最重要的事 |

| | | |
|---|---|---|
| die | Partnerarbeit, nur Sg. | 和拍档一起的工作 |
| | vergleichen | 比较 |
| | irgendwas | 任何东西 |

#### Seite 9

| | | |
|---|---|---|
| das | T-shirt, -s | T恤 |
| das | Puzzle, -s | 拼图 |
| | Puzzle machen | 玩拼图 |
| | ausschneiden | 剪下 |

#### Seite 10

#### C   Aufräumen

| | | |
|---|---|---|
| | im Moment | 目前 |
| | durcheinander | 乱七八糟的 |
| | schmutzig | 脏的 |
| die | Socke, -n | 短袜 |
| die | Jeans, - | 牛仔裤 |
| der | Boden, ⸚ | 地板 |
| das | Packungspapier | 包装纸 |
| der | Ballon, -s | 气球 |
| | verstreut | 散落一地的 |
| | ärgerlich (über) | 生气的 |
| | unbedingt | 一定的 |
| | Wäsche waschen | 洗衣服 |
| die | Waschmaschine, -n | 洗衣机 |
| das | Bücherregal, -e | 书架 |
| der | Mülleimer, - | 垃圾桶 |
| | beruhigen | 使……安静 |
| die | Gitarre, -n | 吉他 |
| die | Wand, ⸚e | 墙 |
| das | Kissen, - | 靠枕 |
| der | Kleiderschrank, ⸚e | 衣橱 |
| die | Kleider, nur Pl. | 衣服的总称 |

#### Seite 11

| | | |
|---|---|---|
| | verärgert | 生气的 |
| der | Teppich, -e | 地毯 |
| | Was für ein ... | 什么样的？（针对不定冠词后面的形容词提问） |

#### Seite 12

#### D   Spielbühne

| | | |
|---|---|---|
| der | Unterschied, -e | 区别 |

## E So sprechen wir korrekt!

| | betonen | 强调 |
|---|---|---|
| der | Satzteil, -e | 句子组成部分 |
| der | Akzent, -e | 重音 |
| der | Satzakzent, -e | 句重音 |
| | sich ärgern | 生气 |

### Seite 13

| das | Möbelstück | 该词常用单数，复数用 die Möbel |
|---|---|---|
| | gemütlich | 舒适的 |
| die | Bibliothek, -en | 图书馆 |
| | faulenzen | 无所事事 |

## L2 Meine Wohnung

### Seite 14

## A Zimmer

| das | Wohnzimmer, - | 起居室 |
|---|---|---|
| das | Esszimmer, - | 餐厅 |
| das | Schlafzimmer | 卧室 |
| das | Studierzimmer, - | 书房 |
| das | Kinderzimmer, - | 儿童房 |
| das | Badezimmer, - | 浴室 |

### Seite 15

| die | Wohnungsskizze, -n | 公寓草图 |
|---|---|---|
| | anfertigen | 制作 |
| die | Reportage, -n | 通讯报道 |
| der | Balkon, -s | 阳台 |
| der | Flur, -e | 走廊 |
| die | Küche, -n | 厨房 |

### Seite 16

## B Lans Wohnung

| | zur Zeit | 现在 |
|---|---|---|
| die | Zweizimmerwohnung, -en | 二居室 |
| | verkehrsgünstig | 交通便利的 |
| | genügen | 足够 |
| | schwanger | 怀孕的 |
| das | Baby, -s | 小宝宝 |
| | planen | 计划 |

| das | Bad, ⸚er | 浴室 |
|---|---|---|
| | mindestens | 至少 |
| | brauchen | 需要 |
| das | Arbeitszimmer, - | 书房 |
| | denn | 因为 |
| | manchmal | 有时 |
| | froh (über) | 高兴的 |
| | züchten | 饲养 |
| der | Arbeitsplatz, ⸚e | 工作岗位 |
| | mieten | 租 |
| | teilen | 分享 |
| die | Zeitangabe, -n | 时间状语 |
| der/die | | |
| | Bekannte wie Adj. | 熟人 |
| | empfehlen | 推荐 |
| die | Treppe, -n | 楼梯 |

### Seite 17

| das | Hochhaus, ⸚er | 摩天大楼 |
|---|---|---|
| das | Reihenhaus, ⸚er | 联排别墅 |
| der | Bungalow, -s | 平层住宅 |
| das | Einfamilienhaus, ⸚er | 别墅 |
| | hoch | 高的 |
| | in einer Reihe | 在一排 |
| | stehend | 站着的 |
| | flach | 平的 |
| | zweistöckig | 三楼的 |
| | dreistöckig | 四楼的 |
| die | Tabelle, -n | 表格 |
| | ausfüllen | 填满 |
| der | Vorteil, -e | 优点 |
| der | Nachteil, -e | 缺点 |
| | verkehrsgünstig | 交通便利的 |
| das | Angebot, -e | 供应 |
| die | Sommerferien, nur Pl. | 暑假 |
| der | Bauernhof, ⸚e | 农庄 |
| | übernachten | 过夜 |

### Seite 18

## C Umzug

| | sich befinden | 位于 |
|---|---|---|
| das | Wohnviertel | 住宅区 |
| | einrichten | 布置 |
| | kehren | 扫（地） |
| | anderthalb | 一个半 |
| | zufrieden | 满意的 |
| die | Schultasche, -n | 书包 |

| | | |
|---|---|---|
| die | Schublade, -n | 抽屉 |
| der | Koffer, - | 箱子 |
| die | Arbeitsstelle, -n | 工作职位 |
| | bis zu | 直到 |
| | Gott sei Dank | 感谢上帝 |
| die | Firma, ... men | 公司 |
| | ab/stellen | 停放 |

## Seite 19

| | | |
|---|---|---|
| der | Verkehr | 交通 |
| die | Kirche, -n | 教堂 |
| die | Sauna, -s/...nen | 桑拿 |
| die | Burg, -en | 城堡 |
| der | Topf, ⸚e | 锅具 |
| der | Herd, -e | 炉灶 |
| das | Essstäbchen, - | 筷子 |
| der | Teller, - | 盘子 |
| der | Lappen, - | 抹布 |

## Seite 20

### D Spielbühne

| | | |
|---|---|---|
| | raten | 猜 |

### E So sprechen wir korrekt!

| | | |
|---|---|---|
| | achten (auf) | 注意 |
| die | Aufzählung, -en | 列举 |
| das | Glied, -er | 环节 |
| | sich beeilen | 抓紧 |
| | sich anziehen | 穿衣 |
| | sich putzen | 刷牙 |
| | sich rasieren | 刮胡子 |

## L3 Wohnen – aber nicht zu Hause!

### Seite 21

| | | |
|---|---|---|
| die | Abkürzung, -en | 缩写 |
| die | Kaution, -en | 押金 |
| die | Nebenkosten, nur Pl. | 附加费 |
| das | Apartment, -s | 公寓 |
| die | Warmmiete, -n | 暖租 |
| die | Wohnfläche, -n | 居住面积 |
| die | Verkehrsverbindung, -en | |
| | | 交通换乘 |
| die | Kaltmiete, -n | 冷租 |

## Seite 23

### A Mieten

| | | |
|---|---|---|
| die | Wohnungsanzeige, -n | 房屋广告 |
| die | Anzeige, -n | 广告 |

## Seite 24

### B Peter sucht eine Wohnung

| | | |
|---|---|---|
| | nächst | 下一个 |
| | am wichtigsten | 最重要的 |
| | dorthin | 到那儿去 |
| | schicken | 寄 |
| das | Studentenwohnheim, -e | |
| | | 大学生宿舍 |
| der | Vorort, -e | 郊区 |
| der | Gehweg, -e | 人行道 |
| das | Dachgeschoss, -e | 顶楼 |
| der | Ausblick, -e | 眺望 |
| | zum Glück | 幸亏 |
| | praktisch | 实际的 |
| die | Wohngemeinschaft | 共同居住 |
| | bezeichnen | 把……称作 |
| | unabhängig | 独立的 |
| | verwandt | 有亲缘关系的 |
| | allgemein | 一般的 |
| der | Raum, ⸚e | 空间 |
| | gemeinsam | 共同的 |
| | nutzen | 使用 |

## Seite 25

| | | |
|---|---|---|
| die | Bezeichnung, -en | 名称 |
| das | Dachgeschoss, -e | 屋顶层 |
| das | Erdgeschoss, -e | 屋底层 |
| das | Treppenhaus, ⸚er | 楼梯间 |
| der | Keller, - | 地下室 |

## Seite 26

### C Lan wohnt in der Schule

| | | |
|---|---|---|
| | sich entscheiden (für) | 决定 |
| das | Semester, - | 学期 |
| | entfent | 远的 |
| | sich freuen (über) | 对……开心（已发生的） |
| | bestimmen | 决定 |
| das | Hochbett, -en | 高低床 |
| die | Schreibzone, -n | 写字区域 |
| die | Chance, -n | 机会 |
| die | Zone, -n | 区域 |

| | | |
|---|---|---|
| | stolz (auf) | 自豪的 |
| der | Mitbewohner, - | 同住的人 |
| die | Nähe, nur Sg. | 附近 |
| | in der Nähe | 在附近 |
| die | Blume, -n | 花 |
| | Sätze bilden | 造句 |
| | lieber | 更喜欢 |

### Seite 27

| | | |
|---|---|---|
| die | Mittelschule, -n | 中学 |
| der | Wochentag, -e | 工作日 |
| das | Schulheim | 学生宿舍 |
| der | Schülerausweis, -e | 学生证 |
| die | Zahnpasta | 牙膏 |
| die | Aktivität, -en | 活动 |
| | etwas Leckeres | 一些好吃的 |
| die | Nachhilfe | 课后辅导 |

### Seite 28

## D Spielbühne

| | | |
|---|---|---|
| | letzt | 最后的 |
| das | Jahrhundert, -e | 世纪 |
| | sich verändern | 改变 |
| die | Decke, -n | 被子 |
| | damals | 那时 |

## E So sprechen wir korrekt

| | | |
|---|---|---|
| das | Gegensatzpaar | 反义词对 |
| der | Quadratmeter, - | 平方 |

### *Station 1*

### Seite 30

## A Projekt: ein neues Schülerwohnheim entwerfen

| | | |
|---|---|---|
| | um/bauen | 改建 |
| der | Umbau, -ten | 改建 |
| | sammeln | 收集 |
| der | Entwurf, ¨-e | 设计 |
| die | Umfrage, -n | 问卷调查 |
| | verbessern | 改进 |
| | entwerfen | 设计 |

## B Kultur

| | | |
|---|---|---|
| der | Vergleich, -e | 比较 |
| | im Vergleich | 比较 |

| | | |
|---|---|---|
| | erkennen | 认出 |
| | kulturell | 文化的 |

### Seite 31

## C Biographie

| | | |
|---|---|---|
| der | Mongole, -n | 蒙古人 |
| die | Jurte, -n | 蒙古包 |
| | häufig | 经常 |
| | umziehen | 搬家 |
| | präsentieren | 展示 |
| das | Referat, -e | 专题报告 |

# Modul II
# Das Schulleben

## L4 AGs in der Schule

### Seite 32

## A AGs (Arbeitsgemeinschaften)

| | | |
|---|---|---|
| | basteln | 做手工 |
| | nachgehen | 从事,做 |
| | sportlich | 运动的 |
| | künstlerisch | 艺术的 |
| | handwerklich | 手工的,有技能的 |
| | naturwissenschaftlich | 自然科学的 |
| | aneignen sich | 学会、获得 |
| | erwerben | 学会、掌握、获得 |

### Seite 33

| | | |
|---|---|---|
| die | Bastel-AG | 手工社团 |
| die | Koch-AG | 烹饪社团 |

### Seite 34

## B Das neue Semester

| | | |
|---|---|---|
| | vergehen | 流逝、过去 |
| das | Semester, - | 学期 |
| | an/bieten | 提供 |
| | beliebt | 受欢迎 |
| das | Interesse, -n | 兴趣、爱好 |
| | Interesse an (D) haben | 对……感兴趣 |
| das | Klavier, -e | 钢琴 |
| | sich interessieren für (A) | 对……感兴趣 |

## Seite 35

| | | |
|---|---|---|
| | erwecken | 唤醒、唤起 |
| | denken an (A) | 想到、想起 |
| | gewinnen | 赢得、获得 |
| das | Plakat, -e | 海报 |
| das | Gericht, -e | 菜肴 |
| das | Rezept, -e | 菜谱 |
| | genießen | 享受 |
| die | Figur, -en | 身材 |
| | kreativ | 创新的 |
| die | Kreativität | 创新性 |
| die | Ausdauer | 耐力 |
| | trainieren | 锻炼 |

## Seite 36

### C  Zusammen etwas unternehmen

| | | |
|---|---|---|
| | unternehmen | 做、从事 |
| die | Einladung, -en | 邀请 |
| die | Geige, -n | 小提琴 |
| die | Gitarre, -n | 吉他 |
| | kulturell | 文化的 |
| | aus/leben | 尽情享受 |
| der | Wettkampf, ¨e | 竞赛、比赛 |

## Seite 37

| | | |
|---|---|---|
| | motivieren | 鼓励 |
| | loben | 表扬 |
| | unbedingt | 一定、绝对 |

## Seite 38

### D  Spielbühne

| | | |
|---|---|---|
| das | Tai Chi | 太极 |
| die | Kalligraphie | 书法 |
| | recherchieren | 查资料、调查 |

## L5  Schülerzeitung

## Seite 40

### A  In der Zeitung

| | | |
|---|---|---|
| die | Wirtschaft, -en | 经济 |
| die | Politik | 政治 |
| die | Gesellschaft, -en | 社会 |

## Seite 41

| | | |
|---|---|---|
| die | Zeitung, -en | 报纸、报社 |
| der | Illustrator, -en | 插画家 |
| der | Fotograf, -en | 摄影师 |
| der | Redakteur, -e | 编辑 |
| der | Journalist, -en | 记者 |
| der | Bildredakteur, -e | 图片编辑 |
| der | Chefredakteur, -e | 总编、主编 |
| die | Sitzung, -en | 会议 |
| | leiten | 领导、主持 |
| | bearbeiten | 加工、修改 |
| das | Interview, -s | 采访 |
| | verbessern | 修改、改善、改好 |
| der | Artikel, - | 文章 |
| | illustrieren | 给……插图 |

## Seite 42

### B  Ein Meeting zur neuen Zeitung

| | | |
|---|---|---|
| die | Ausgabe, -n | （报纸的）期、刊 |
| | deshalb | 所以 |
| | etwas Besonderes | 特别的事、（文中）特别的内容 |
| | statt/finden | 举行 |
| die | Redaktion, -en | 编辑部 |
| | bitten um (A) | 请求 |
| | etwas Schönes | 美好的事物、（文中）漂亮的图画 |
| | zeichnen | 画、绘画 |
| die | Winterferien, nur Pl. | 寒假 |
| das | Frühlingsfest | 春节 |
| | vor/schlagen | 建议 |
| das | Rätselspiel, -e | 猜谜游戏 |
| das | Geschenk, -e | 礼物 |
| | teilnehmen an (D) | 参加 |
| | gewinnen | 赢得 |
| | lebhaft | 热烈的 |
| der | Verlag, -e | 出版社 |
| | fertig | 完成 |
| | heraus/geben | 出版、发行 |
| | etwas Ähnliches | 类似的事情，类似的事物 |

## Seite 43

| | | |
|---|---|---|
| die | Entwicklungsgeschichte, -n | 发展历史 |
| | vor/bereiten | 准备 |
| der | Krimi, -s | 侦探影片、侦探小说 |
| die | Kinokarte, -n | 电影票 |
| das | Heft, -e | 小册子、笔记本 |

## Seite 44

### C Rund um die Schulzeitung

| | | |
|---|---|---|
| | rund um+A | 在……周围、在……附近 |
| das | Austauschprogramm, -e | 交换项目 |
| | fehlen | 缺少、丢失 |
| | beschäftigt sein mit (D) | 忙于…… |
| die | Schülervertretung | 学生会 |
| die | Wahl, -en | 选举 |
| die | Kandidatin, -nen | 女候选人 |
| | sich erinnern an (A) | 想起、忆起、回忆起 |
| | an/rufen | 打电话 |
| der | Sinn, -e | 意义 |
| der | Zweck, -e | 目的 |
| | interkulturell | 跨文化的 |
| die | Kompetenz, -en | 能力 |
| | aus/bauen | 扩大,扩充 |
| die | Sprachkenntnis, -se | 语言知识 |
| | selbstständig | 独立自主的 |

### Seite 45

| | | |
|---|---|---|
| | etwas Leckeres | 好吃的东西 |
| | etwas Überraschendes | 出乎意料的、让人惊喜的事情 |
| | erleben | 经历 |
| | fantastisch | 理想的、非常棒的 |
| die | Verbotene Stadt | 紫禁城 |
| der | Sommerpalast | 颐和园 |

### Seite 46

### D Spielbühne

| | | |
|---|---|---|
| | skizzieren | 画……的草图、给……打草稿 |
| die | Titelseite, -n | 首页 |
| die | Prüfung, -en | 考试 |
| | passen | 适合 |

## L6 Schülervertretung

### Seite 48

### A Aufgaben der Schülervertretung

| | | |
|---|---|---|
| die | Schülervertretung | 学生会 |
| das | Interesse, -n | 兴趣、爱好 |

| | | |
|---|---|---|
| der | Konflikt, -e | 冲突、矛盾 |
| die | Konferenz, -en | 会议 |
| | wahr/nehmen | 感觉、注意 |
| | mit/gestalten | 参与计划 |
| | durch/führen | 实行、贯彻实施 |
| | lösen | 解决 |

### Seite 50

### B Aktivitäten

| | | |
|---|---|---|
| | (et)was Sinnvolles | 有意义的事情 |
| die | Form, -en | 形式 |
| die | Spende, -n | 捐赠、捐助 |
| | obdachlos | 无住所的,无房屋的 |
| | bedürftig | 贫困的、贫穷的 |
| das | Plätzchen, - | 小饼干、小糕点 |
| das | Päckchen, - | 小包装 |
| | packen | 包装、包上包装 |

### Seite 51

| | | |
|---|---|---|
| | interviewen | 采访 |
| | befragen | 询问 |

### Seite 52

### C Wahl der Schülervertretung

| | | |
|---|---|---|
| | kandidieren | 竞选、候选 |
| die | Rede, -n | 演讲、讲话 |
| | schaffen | 完成、实现 |
| die | Stimme, -n | 选票、投票 |
| | jm die Daumen drücken | 祝某人成功 |
| | damit | 为了、以便 |
| | vorbereitet | 准备好的 |
| | fleißig | 勤奋的 |
| | tüchtig | 能干的、精干的 |
| | hilfsbereit | 乐于助人的 |
| | großzügig | 大方的 |
| | verantwortungsvoll | 负责任的 |
| | optimistisch | 乐观的 |
| | offen | 坦率的 |
| der | Lebenslauf, ̈-e | 简历、履历 |

### Seite 54

### D Spielbühne

| | | |
|---|---|---|
| | überlegen | 考虑 |
| der | Aufbau, - | 结构 |
| die | Begrüßung, -en | 问候 |

| der | Zustand, ⸚e | 状况 |
| | schildern | 描述 |
| das | Argument, -e | 论据 |
| | beweisen | 证明、证实 |
| die | Zusammenfassung, -en | 总结 |

**Station 2**

## Seite 57

## C  Medienwissenschaft

| die | Medienwissenschaft | 传媒学 |
| | postfaktisch | 后事实的、后真相的 |
| | faktisch | 事实的 |
| | anschließen sich (D) | 连接、附加、赞成 |

# Modul III Freizeit

## L7  Das Wetter

## A  Wie ist das Wetter?

| | sonnig | 阳光照耀的 |
| | regnerisch | 下雨的 |
| | warm | 暖和的 |
| | kalt | 寒冷的 |
| | heiß | 炎热的 |

## Seite 59

| die | Sonne | 太阳 |
| | scheinen | 照耀 |
| der | Regen | 雨 |
| | regnen | 下雨 |

## Seite 60

## B  Wie ist das Wetter am Chiemsee?

| der | Chiemsee | 基姆湖 |
| die | Dienstreise, -n | 出差 |
| der | Ausflug, ⸚e | 郊游 |
| die | Wettervorhersage, -n | 天气预报 |
| | nach/gucken | 查看 |
| | heiter | 晴朗的 |
| die | Tiefsttemperatur, -en | 最低温度 |
| | liegen bei | 计为（数额） |
| die | Höchsttemperatur, -en | 最高温度 |
| | betragen | 计为（数额） |
| die | Jacke, -n | 夹克衫 |

| die | Fläche, -n | 面积 |
| der | Bodensee | 博登湖 |
| die | Müritz | 米里茨湖 |
| | drittgrößt | 第三大的 |

## Seite 61

| | informieren sich über | 获悉，了解 |
| | schneien | 下雪 |
| | wolkig | 多云的 |
| | bewölkt | 多云的 |
| | blitzen | 闪电 |
| | donnern | 打雷 |
| | windig | 刮风的 |
| der | Wind, -e | 风 |
| der | Donner, - | 雷 |
| die | Wolke, -n | 云 |
| der | Blitz, -e | 闪电 |
| der | Schnee | 雪 |
| | verbringen | 度过 |
| der | Weihnachtsmarkt, ⸚e | 圣诞节市场 |

## Seite 62

## C  Das Aprilwetter

| das | Aprilwetter | 变化无常的四月天气 |
| | schwitzen | 出汗 |
| | nerven | 让人心烦 |
| | Mensch Ärgere Dich Nicht | 类似飞行棋的游戏 |
| | ärgern sich über | 生气 |
| | übrigens | 顺便提一下 |
| der | Wetterbericht, -e | 天气预报 |
| | östlich | （介词）在……的东面 |
| der | Nebel, - | 雾 |
| die | Luft | 空气 |
| | ansonsten | 此外 |
| der | Höchstwert, -e | 最高温度 |
| | klingen | 听起来 |
| der | Spielstein, -e | 棋子 |
| das | Spielbrett, -er | 棋盘 |
| | bewegen | 运动 |
| das | Gedicht, -e | 诗歌 |
| der | Sonnenschein | 阳光 |
| | zwischendrein | 在其间 |
| | stürmen | 刮狂风 |
| | wehen | 刮风 |

### Seite 63

| | | |
|---|---|---|
| die | Jahreszeit, -en | 季节 |
| | klar | 明朗的 |
| der | Schneemann, ̈er | 雪人 |
| die | Daunenjacke, -n | 羽绒服 |
| der | Anorak, -s | 滑雪衫 |

### Seite 64

| | | |
|---|---|---|
| der | Smalltalk, -s | 闲聊 |
| das | Straßencafé, -s | 街头咖啡座 |

## D  Spielbühne

| | | |
|---|---|---|
| der | Wettermoderator, -en | 天气预报员 |

# L8  Der Ausflug

### Seite 66

## A  Ausflugsziele

| | | |
|---|---|---|
| das | Ausflugsziel, -e | 郊游目的地 |

### Seite 67

| | | |
|---|---|---|
| das | Rapsfeld, -er | 油菜花田 |
| der | Bauernhof, ̈e | 农家 |
| der | Freizeitpark, -s | 游乐园 |
| die | Achterbahn, -en | 过山车 |

### Seite 68

## B  Eine Postkarte aus Deutschland

| | | |
|---|---|---|
| die | Herreninsel | 基姆湖最大的岛 |
| das | Vorbild, -er | 榜样 |
| das | Schloss Versailles | 凡尔赛宫 |
| | gelten als | 被看作是 |
| die | Gegend, -en | 地区 |
| die | Führung, -en | 带讲解的参观 |
| das | Deckengemälde, - | 穹顶绘画 |
| | beeindrucken | 给……留下印象 |
| der | Museumsführer, - | 博物馆讲解员 |
| der | Märchenkönig, -e | 童话国王 |
| der | Bewunderer, - | 钦佩者 |
| | befinden sich | 位于 |
| | erbauen | 建造 |
| | ähnlich | 相似的 |

### Seite 69

| | | |
|---|---|---|
| | aufgrund | 因为 |

| | | |
|---|---|---|
| die | Finanzierungsschwierigkeit, -en | 财政困难 |
| | vollenden | 完成 |

### Seite 70

## C  Aus Lans Sozialnetzwerk

| | | |
|---|---|---|
| das | Sozialnetzwerk | 社交网络 |
| der | Kommentar, -e | 评论 |
| | hinterlassen | 留下 |
| das | Wasserdorf, ̈er | 水乡 |
| | mit/spielen | 参与，也起作用 |
| das | Boot, -e | 船 |
| | sich lohnen | 值得 |
| | auf jeden Fall | 不管怎样 |
| die | Perspektive, -n | 角度 |
| | beobachten | 观察 |
| das | Souvenir, -s | 纪念品 |
| | lassen | 让 |
| | überraschen | 惊奇，惊喜 |
| | schwindelig | 眩晕的 |
| | sich kaum auf den Beinen halten (können) | 站不起来 |

### Seite 71

| | | |
|---|---|---|
| die | Große Mauer | 长城 |
| die | Terrakotta-Armee | 兵马俑 |
| | grillen | 烧烤 |

# L9  Freiwillige

### Seite 74

## A  Freiwilligendienste

| | | |
|---|---|---|
| der | Freiwilligendienst, -e | 志愿者工作 |

### Seite 75

| | | |
|---|---|---|
| | engagieren sich für | 致力于 |
| der/die | Freiwillige, -n | 志愿者 |

### Seite 76

## B  Lan hat Freiwilligenarbeit gemacht

| | | |
|---|---|---|
| die | Signatur, -en | 书目号 |
| der | Buchrücken, - | 书脊 |
| | erledigen | 完成 |
| | ordnen | 整理 |

|     | sich etwas merken | 记住 |
| --- | --- | --- |
| die | Kategorie, -n | 类别 |
| die | Sozialwissenschaften, nur Pl. | |
|     | | 社会科学 |
| die | Rückgabe | 归还 |
| der | Automat, -en | 自动装置，自动售货机 |
|     | mit ... umgehen | 对待，打交道 |
| die | Hilfe | 帮助 |
| die | Bücherei, -en | (小)图书馆 |
| die | Klassifikation, -en | 分类 |
|     | entweder ... oder ... | 或者……或者…… |

## Seite 77

| das | Altenheim, -e | 敬老院 |
| --- | --- | --- |
| das | Freiwillige Soziale Jahr | 社会服务志愿年 |
|     | mithilfe | (介词)依靠……的帮助 |

## Seite 78

### C  Ein Interview mit Thomas

|     | ehemalig | 以前的 |
| --- | --- | --- |
| der | Ausschnitt, -e | 选段 |
|     | durchführen | 做，实行，举行 |
|     | kümmern sich um | 关心，照顾 |
|     | eine Menge | 许多 |
| die | Tat, -en | 作为，事迹 |
|     | mutig | 勇敢的 |
|     | erfahren | 得知，获悉 |
|     | einfallen | 想起 |

## Seite 79

| das | Massaker, - | 大屠杀 |
| --- | --- | --- |
|     | beschützen | 保护 |
| der | Flüchtling, -e | 难民 |
|     | nieder/schreiben | 写下 |
|     | widmen | 奉献 |
| die | Gedenkstätte, -n | 纪念馆 |
|     | unterbringen | 安顿 |
| die | Sicherheitszone, -n | 安全区 |
|     | errichten | 设立 |
|     | retten | 救 |

*Station 3*

### Seite 82

### A  Projekt: Freiwilligendienste in der Schule

| das | Jubiläum, Jubiläen | 周年纪念日，周年纪念活动 |
| --- | --- | --- |
| die | Szene, -n | 场景 |
| der | Empfang | 接待处 |
| das | Alumni-Treffen | 校友碰面 |

### B  Kultur: Bauernregeln

| die | Bauernregel, -n | 农谚 |
| --- | --- | --- |
|     | besitzen | 拥有 |
| der | Vorfahr, -en | 祖先 |
| die | Generation, -en | 辈，代 |
|     | über ... hinweg | 越过，超过 |
|     | ab/fassen | 撰写 |
|     | gereimt | 押韵的 |
| der | Spruch, ⸚e | 格言 |
| die | Frucht, ⸚e | 水果，果实 |
| der | Segen, - | 赐福 |
|     | reif | 成熟的 |
| die | Spinne, -n | 蜘蛛 |
|     | kriechen | 爬 |

### Seite 83

| der | Aberglaube | 迷信 |
| --- | --- | --- |

### C  Literatur: Wetter im Gedicht

|     | verschneit | 白雪覆盖的 |
| --- | --- | --- |
|     | verwehen | 吹散 |
|     | verbleiben | 剩下 |
| der | Fischerkahn, ⸚e | 渔船 |
|     | klirrend | 严重的，极端的 |
|     | an/fassen | 握住 |
| die | Angel, -n | 鱼竿 |
| die | Kiefer, -n | 松树 |
| der | Bambus, -se | 竹子 |
| die | Winterpflaume, -n | 梅花 |

# Modul IV Mobilität

## L10 Verkehrsmittel

### Seite 84

### A    Verkehrsmittel

| | | |
|---|---|---|
| das | Verkehrsmittel, - | 交通工具 |
| das | Auto, -s | 小汽车,小轿车 |
| das | Fahrrad, ⸚er | 自行车 |
| die | U-Bahn, -en | 地铁,地下铁道 |
| der | Bus, -se | 公共汽车 |

### Seite 85

| | | |
|---|---|---|
| | weil | 因为 |
| die | Nähe, nur Sg. | 附近,近处 |
| | in der Nähe | 在附近 |
| die | Notiz, -en | 笔记,记录 |

### Seite 86

### B    Am Schultor

| | | |
|---|---|---|
| | fehlend | 缺少的 |
| | selten | 罕见的,少有的 |
| | häufig | 大多,通常 |
| | immer | 总是,老是 |
| | nie | 从不,从来没有 |
| | manchmal | 有时候 |
| | plötzlich | 突然地 |
| | pünktlich | 准时的 |
| | kaputt | 坏的,破碎的 |
| der | Stau, -s/-e | 堵车,拥堵 |
| | im Stau sein | 堵车 |
| die | Haltestelle, -n | 停靠站 |
| die | Bushaltestelle, -n | 公交车站 |
| | eigentlich | 本来,原本 |
| die | U-Bahn-Station, -en | 地铁站 |

### Seite 87

| | | |
|---|---|---|
| der | Werktag, -e | 工作日 |
| | werktags | 在工作日 |
| das | Tennistraining, -s | 网球训练 |
| | im Internet surfen | 上网 |
| der | Zug, ⸚e | 火车 |
| das | Flugzeug, -e | 飞机 |
| die | Straßenbahn, -en | 有轨电车 |
| das | Schiff, -e | 船,舰 |
| der | Lastkraftwagen, ⸚ | 大卡车,载重汽车 |
| das | Motorrad, ⸚er | 摩托车 |

### Seite 88

### C    Vor der Reise

| | | |
|---|---|---|
| | unpünktlich | 不准时的 |
| | mehrmals | 多次地 |
| die | Verspätung, -en | 晚点 |
| | erleben | 经历,遇到,遭到 |
| der | Hochgeschwindigkeitszug, ⸚e | 高铁 |
| der | G-Zug, ⸚e | 高铁 |
| die | AG (die Aktiengesellschaft, -en) | 股份有限公司 |
| die | Gattung, -en | 种类,类型 |
| die | Schreibweise, -n | 书写方式 |
| | lauten | 内容是,原话是 |
| | vervollständigen | 使完备,使完善 |
| | dienstlich | 公务上的,职务上的 |

### Seite 89

| | | |
|---|---|---|
| der | Vorteil, -e | 优点,好处 |
| der | Nachteil, -e | 缺点,坏处 |
| | bequem | 舒适的 |

### Seite 90

### D    Spielbühne

| | | |
|---|---|---|
| die | Winterferien, nur Pl. | 寒假 |
| | übernachten | 过夜 |
| | hilfbereit | 乐于助人的 |
| | empfehlen | 推荐 |

### E    So sprechen wir korrekt!

| | | |
|---|---|---|
| die | Satzmelodie, -n | 语调,声调 |
| | zu Fuß gehen | 步行 |

## L11 Klassenfahrt

### Seite 92

### A    Dinge für unterwegs

| | | |
|---|---|---|
| das | Ding, -e | 东西,物品 |
| | unterwegs | 路上 |
| der | Koffer, - | 行李箱 |
| die | Armbanduhr, -en | 手表 |
| die | Brille, -n | 眼镜 |
| der | Passport, -e | 护照 |
| das | Smartphone | 智能手机 |

## Seite 93

| | | |
|---|---|---|
| | mit/nehmen | 拿走，带走 |
| | schmieren | 使润滑，上油 |

## Seite 94

### B Das neue Semester

| | | |
|---|---|---|
| die | Sommerferien, nur Pl. | 暑假 |
| | war/waren | 是 |
| | fantastisch | 幻想的，奇妙的 |
| der | Mitschüler, - | 同学 |
| die | Klassenfahrt, -en | 班级集体出游 |
| der | Ozeanpark, -s | 海洋公园 |
| der | Seehund, -e | 海豹 |
| der | Delphin, -e | 海豚 |
| der | Pinguin, -e | 企鹅 |
| der | Seefisch, -e | 海鱼，咸水鱼 |
| | probieren | 尝试，品尝 |
| die | Krabbe, -n | 蟹（总科） |
| der | Krebs, -e | 螃蟹 |
| | schmecken | 吃起来美味 |

## Seite 95

| | | |
|---|---|---|
| der | Frühling, -e | 春季 |
| der | Sommer, - | 夏季 |
| der | Herbst, -e | 秋季 |
| der | Winter, - | 冬季 |
| die | Insel, -n | 海岛 |
| das | Stadtzentrum, -zentren | 城市中心 |
| das | Grasland, nur Sg. | 草地，草原，牧场 |
| der | Wald, ¨er | 森林，树林 |
| die | Jahreszeit, -en | 季节 |
| | draußen | 外面，户外 |
| | schwimmen | 游泳 |
| | baden | 游泳，泡澡 |
| der | Frühlingsausflug, ¨e | 春游 |
| | pflanzen | 种植 |
| | Bäume pflanzen | 种树 |
| | Berg steigen | 登山 |
| | fotografieren | 照相 |
| das | Schilaufen | 滑雪 |
| | zelten | 露营，宿营 |
| | wandern | 徒步 |

## Seite 96

### C Vor der Klassenfahrt

| | | |
|---|---|---|
| | planen | 计划 |
| die | Jugendherberge, -n | 青年旅舍 |
| | überwiegend | 主要，占大多数的 |
| das | Zweibettzimmer, - | 双床房 |
| die | Etagendusche, -n | 本楼层共用淋浴房 |
| das | Waschbecken, - | 洗手盆 |
| der | Gemeinschaftsraum, ¨e | 聚会场所 |
| der | Badmintonplatz, ¨e | 羽毛球场 |
| die | Tischtennisplatte, -n | 乒乓球桌 |
| die | Feuerstelle, -n | 灶炉，壁炉 |
| die | Kletterhalle, -n | 攀岩馆 |
| | anmietbar | 可出租的 |
| das | Frühstücksbuffet, -e | 自助早餐 |
| die | Sorte, -n | 种类，品种 |
| die | Margarine, nur Sg. | 人造奶油，人造黄油 |
| der | Aufstrich, -e | 扩散，散布 |
| der | Kakao, -s | 可可，可可粉 |
| das | Müsli, nur Sg. | 混合麦片 |
| die | Wurst, ¨e | 香肠 |
| der | Käse, nur Sg. | 奶酪 |
| die | Beilage, -n | 配菜 |
| der | Quark, nur Sg. | （从酸奶中提取的）凝乳 |
| die | Herausforderung | 挑战 |
| die | Natur | 自然，自然界 |
| das | Freibad, ¨er | 室外游泳池 |
| das | Hallenbad, ¨er | 室内游泳池 |
| die | Absprache | 约定，商定 |
| | umliegend | 周围的，附近的 |
| die | Ausstattung, -en | 装备，配备 |
| der | Strandurlaub, -e | 海滩度假 |

## Seite 97

| | | |
|---|---|---|
| | beantragen | 提出申请，要求 |
| | ein/packen | 收拾行李 |
| | wechseln | 更换，交换 |
| das | Gepäck, nur Sg. | 行李，包裹 |
| der | Reisepass, ¨e | 旅行护照 |
| das | Visum, Visa | 签证 |
| | unternehmen | 从事，进行，做 |
| | besichtigen | 参观 |
| die | Pause, -n | 休息 |
| die | Radtour, -en | 骑自行车旅游 |
| das | Picknick, -s | 野餐 |
| das | Schloss, ¨er | 城堡 |
| der | Reiseführer, - | 旅行指南 |

## Seite 98

### D Spielbühne

| | | |
|---|---|---|
| das | Interview, -s | 面试，采访 |
| | berichten | 报告，报道 |

## E So sprechen wir korrekt!

| | | |
|---|---|---|
| | ironisch | 讽刺的 |
| | zweifelnd | 怀疑的 |
| der | Stadtbummel, - | 逛街 |

## L12 Ich fahre umweltbewusst

### Seite 100

### A Umweltverschmutzung

| | | |
|---|---|---|
| die | Umweltverschmutzung, -en | 环境污染 |
| die | Luftverschmutzung, -en | 空气污染 |
| die | Wasserverschmutzung, -en | 水污染 |
| die | Bodenaustrocknung, -en | 土壤干涸 |
| | umweltbewusst fahren | 绿色驾驶，绿色出行 |
| | organisch | 有机的 |
| das | Düngenmittel, - | 肥料 |
| die | Abwasserreinigung, -en | 污水处理 |

### Seite 101

| | | |
|---|---|---|
| | recherchieren | 做调查研究 |
| das | Wetter | 天气 |
| die | Emission, -en | 发射，排放 |
| der | Haushalt, -e | 家，户 |
| das | Heizöl, -e | 燃油 |
| das | Erdgas, -e | 天然气 |
| die | Versiegelung | 占据 |
| die | Flächenversiegelung, nur Sg. | 土地占据 |
| das | Ozonloch, ̈er | 臭氧洞 |
| das | Treibhausgas, -e | 温室气体 |
| der | Chemiestoff, -e | 化学物质 |
| das | Erdöl, -e | 石油 |

### Seite 102

### B Umweltbewusst fahren ist eben in

| | | |
|---|---|---|
| die | Fahrgemeinschaft, -en | 合作用车，汽车合作组织 |
| der | Smog, -s | 烟雾，雾霾 |

| | | |
|---|---|---|
| | atmen | 呼吸 |
| die | Katastrophe, -n | 灾难 |
| | überall | 四处，到处 |
| | ausstoßen | 喷出，发射出 |
| der | Schornstein, -e | 烟囱，烟道 |

### Seite 103

| | | |
|---|---|---|
| | saurer Regen | 酸雨 |
| | globale Erwärmung | 全球变暖 |
| die | Kohle, -n | 煤炭 |
| | verbrennen | 燃烧 |
| | fällen | 砍伐 |
| | erzeugen | 生产 |

### Seite 104

### C Umweltschutz

| | | |
|---|---|---|
| die | Zukunft | 未来 |
| | im Laufe | 在……过程，进程 |
| | betreiben | 驱动 |
| die | Energie | 能量 |
| der | Benziner, - | 用汽油的车 |
| der | Treibstoff, -e | 发动机燃料，推进剂 |
| | höchstens | 最高 |
| | bei/tragen zu (D) | 做贡献 |
| die | Antriebsleistung, -en | 驱动功率，推进功率 |
| | kostenintensiv | 费用多的，成本高的 |
| das | Tankstellennetz, -e | 加油站体系 |
| die | Mehrwertsteuer, -n | 增值税 |
| | erlassen | 宣布，公布 |
| die | Prämie, -n | 津贴 |
| | gewähren | 允许 |
| | zu/lassen | 许可 |
| die | Zulassungsbeschränkung, -en | 许可限制 |
| | im Trend sein | |
| | schützen | 保护 |

### Seite 106

### D Spielbühne

| | | |
|---|---|---|
| die | Regierung, -en | 政府 |
| | beschweren sich über (A) | 抱怨 |
| die | Beschwerde, -n | 抱怨 |

**E** **So sprechen wir korrekt!**

| | | |
|---|---|---|
| | los/gehen | 出发，动身 |
| | umweltfreundlich | 环保的 |

*Station 4*

**Seite 108**

**A** **Projekt: Plakate zur Umweltverschmutzung machen**

| | | |
|---|---|---|
| | entwerfen | 起草，拟定 |
| | bestimmen | 确定 |
| das | Layout, -s | 版面，布局，设计 |
| | entwickeln | 研发，展示，阐明 |
| | ausdrucken | 打印 |
| | korrigieren | 修改 |
| | präsentieren | 呈现，出示 |

**B** **Kultur: die Mülltrennung**

| | | |
|---|---|---|
| der | Müll, nur Sg. | 垃圾 |
| die | Mülltrennung, -en | 垃圾分类 |
| der | Mülleimer, - | 垃圾桶 |
| die | Filtertüte, -n | 过滤袋 |
| das | Einweggeschirr, nur Sg. | 一次性餐具 |

**C** **Geschichte: die Entwicklung der Verkehrsmittel**

| | | |
|---|---|---|
| die | Entwicklung, -en | 发展，研制 |
| | bestimmt | 确定的，一定的，某种 |
| | ein/ordnen | 编排，分类 |
| | sammeln | 收集 |
| | ordnen | 处理，安排 |
| | systematisch | 系统的 |